재미있고 쉬운

# 인지행동 놀이치료 2권

**Digging for Buried Treasure 2:** 52 More Prop-Based Play Therapy Interventions for Treating the Problems of Childhood

**Paris Goodyear-Brown · LCSW · RPT-S** 공저

**안명현 · 윤영숙 · 이선아 · 최지경 · 이행숙 · 양선영 · 서종미 · 원경미 · 소현하 · 오소정** 공역

학지사

**Digging for Buried Treasure 2: 52 More Prop-Based Play Therapy Interventions for Treating the Problems of Childhood**
by Paris Goodyear-Brown, LCSW, RPT-S

# 역자 서문

텍사스에서는 해마다 여름이면 놀이치료 워크숍이 열리고, 전 세계의 많은 놀이치료 종사자가 참여한다. 나도 그중의 한 사람으로서 텍사스 주립대학교 놀이치료 워크숍에 참석했었다.

그때 Paris Goodyear-Brown 선생님은 워크숍의 첫 번째 강연자였다. 그녀가 보여 준 PPT 자료는 많은 감동을 주었다. 그녀는 자신의 치료실을 보여 주었는데, 그곳은 집 전체를 놀이치료실로 사용하고 있었다. 그녀의 놀이치료실 하우스는 먼저 집으로 들어가는 정원이 있고, 입구에는 내담아동을 반기는 문구가 팻말에 쓰여 있으며, 집 전체의 윤곽은 반짝이는 크리스마스 장식과 같은 전구로 장식되어 있었다. 이처럼 그녀의 치료센터는 집으로 들어가면서부터 치료가 시작되는 구조였다.

거실, 주방과 놀이방을 포함한 집안 전체가 치료실로 제공되어서 집안 전체가 아동의 놀이방과 같은 판타지 공간이었다. 그곳에서 Paris Goodyear-Brown 선생님은 아동의 놀이파트너로서 전쟁놀이나 인형놀이를 하면서 놀고 있는 모습을 보여 주었다. 그것은 '모든 가정이 아동의 천국이면 얼마나 좋을까?' 하는 생각을 하게 만드는 광경이었다.

이 책은 그녀가 내담자들을 만나면서 직접 개발한 놀이 기법이 수록되어 있다. 특히 소품을 이용한 인지행동 접근으로써 놀이치료 기법을 개발한 것이다.

이 책은 두 권으로 구성되어 있다. 1권은 내담아동을 처음 만날 때 치료 계획을 세울 수 있는 기법부터 트라우마를 겪은 아동을 도울 수 있는 세부적인 놀이 기법, 사회적 기술을 다룰 수 있는 감정 인식하기, 분노 조절하기 등을 제시하고 있는데, 이는 트라우마로 또는 감정 조절 실패로 화가 난 아동을 치료하는 데 적절한 도움을 줄 것이다. 2권은 처음 만난 내담자의 정보를 모으는 기법부터 감정을 표현하고 자존감을 높이며, 자기를 조절하는 방법, 그리고 성학대 피해자를 위한 기법까지 다양한 기법을 제시하고 있다.

이러한 놀이치료 기법을 적용하기 위해 내담자의 인지를 바꿀 수 있도록 소품을 이용한 인지행동 방법들이 제시되어 있어서 아동중심 놀이치료로 훈련된 치료사에게 도움이 될 것이라 생각한다.

이 책을 번역하기 위해 많은 치료전문가가 동원되었다. 역자들은 모두 현장에서 아동들을 직접 치료하고 있는 놀이치료사라서 저자의 놀이치료 경험과 유사한 감정을 느끼며 재미있게 번역에 참여하였다.

많은 놀이치료사가 아동중심 놀이치료를 기반으로 내담아동을 만난다. 내담아동을 만나는 초기에는 아동중심 놀이치료로 접근하는 것이 치료를 촉진하는 데 도움이 될 것이다. 그러나 아동의 자아가 어느 정도 형성된 중·후반 치료단계나 집단 놀이치료, 가족 놀이치료에서는 인지행동 놀이치료 기법이 치료에 도움을 줄 것이다. 이때 이 책에 수록된 소품을 이용한 인지행동 놀이치료가 진가를 발휘하길 기대한다.

2018년 8월

역자 대표 안명현

# 저자 서문

이번에 발간된 2권은 또 다른 사랑의 산물이었다. 이 책은 치료사들이 필요하다고 언급한 내용을 중심으로 작성하였다. 워크숍에서 트라우마에 시달리는 아동의 치료를 위해 설명하고 모형화한 많은 방법을 이 책에 실었다. 특히 이 책은 트라우마로 인한 기억의 고통에서 벗어나기 위한 역량 강화 훈련 및 치료와 더불어 트라우마에 시달리는 아동이 보다 안전하고 보호받는다고 느낄 수 있도록 도울 수 있는 기법을 제시하고 있다. 전문가들이 도움을 요청하는 또 다른 분야는 치료 계획이다. 따라서 이 책의 한 장을 할애하여 치료 계획과 관련된 활동을 다루고자 한다. 또한 치료사들은 애착 문제를 가진 가족을 돕기 위해 더욱 많은 실질적 치료 활동을 필요로 한다. 이를 위해 다른 장에서는 애착 결속의 질적 변화를 유도하는 전반적인 활동을 설명하고 있다. 1권에서 설명했던 기술 강화 활동이 유용했다고 여기는 치료사들은 더욱 많은 활동을 설명해 주기를 요청해 왔다. 2권에서 설명할 기술 강화 활동은 정서적 능력 및 분노 조절, 충동 제어, 친사회적 상호작용이다. 마지막으로는 종결 활동을 다루는데, 이는 모든 치료 활동을 확고히 하기 위해 내담자에게 의미 있는 '굿바이(종결)'를 만들어 줄 필요가 있기 때문이다. 이 책의 실제 저자는 바로 나와 함께 한 아동들과 그들의 부모들임을 다시 한 번 강조하는 바이다. 이 책에서 소개되는 기법은 전적으로 치료를 위해 그들이 보여 준 용기와 창의성, 모험 의지, 열렬한 소망으로 인해 가능했다는 점을 밝힌다.

이 책에 실린 기법은 '소품을 기반으로' 했다. 나는 구체적인 소품의 사용이 치료에 매우 유용하다는 사실을 임상에서 확인하였다. 가장 주목할 만한 점은 소품이 내담자의 거부감을 없애 주는 역할을 한다는 사실이다. 아동은 흔히 치료에서 '대화' 또는 '행동'을 해야 할 것이라고 생각한다. 하지만 소품이 아동의 손에 쥐어진다면 치료 내내 대화를 해야 한다는 압박감이 줄어든다. 또한 소품을 사용하면서 아동은 치료의 초기 관계 설정 단계 도중 위협적으로 느껴지는 눈맞춤을 피할 수 있게 된다. 둘째, 소품은 종종 분노나 두려움과 같은 개념과 관련된 은유적 메시지를 구체화하거나 전달하는 역할을 하며, 치료 활동이 의식적 그리고 무의식적으로 동시에 수행될 수 있게 한다. 셋째, 소품은 아동이 직면하는 문제를 드러내는 매개체로 기능할 수 있다. 문제가 외부로 드러나면 아동이 문제를 분석하는 것이 용이해지고 문제해결책이나 극복 전략을 도출하기 쉬워진다. 넷째, 신경 언어학 연구에 따르면 아동은 청각 또는 시각, 운동 감각, 이 모든 감각의 조합 측면에서 학습 유형이 서로 다르다. 소품 사용으로 인해 운동 감각 학습이 가능하며, 놀이치료실에서 발생하는 시각 및 청각 활동이 확장될 수 있다. 마지막으로, 소품을 가지고 노는 것은 그 자체로 재미있는 놀이이다. 아동은 어려운 문제도 즐거움을 주는 놀이 경험을 통해 해결해 나간다.

치료사는 대부분 아동의 치료에 선천적으로 타고난 자질을 지니고 있다. 그렇기에 이들은 손쉽게 새로운 놀이 치료 방법을 만들어 낸다. 반면에, 책에 소개된 기존의 치료 방법을 내담자에게 적용하고 조정하는 방식을 선호하는 치료사도 있다. 하지만 이 책의 치료 방법이나 여타의 치료 방법은 내담자의 필요성 및 치료 목적, 일련의 치료 과정에서 사용되는 방식에 관한 숙고 없이는 실행이 불가능하다는 점을 강조하고 싶다. 창조적인 치료사에게 이 책은 자신만의 새로운 치료 방법을 개발하는 촉진제가 되어 줄 것이다. 반대로 치료 방법 개발에 어려움을 겪는 치료사라면 이 기법을 응용하여 치료 활동을 위한 독자적 방법을 만들어 낼 수 있을 것이다. 마지막으로, 독자들이 쉽게 참고할 수 있도록 모든 기법을 다음의 항목들로 나누어 설명했다.

- **치료 양식**: 치료 기법이 가장 적절하게 적용될 수 있는 치료 환경을 간략히 소개한다. 일부 치료 기법은 개인에게 가장 적합하며, 일부는 가족 단위에 적합하다. 대부분의 기법은 치료 환경에 따라 적용 및 수정 가능하다.

- **대상**: 치료가 도움이 될 수 있는 연령을 의미한다. 생물학적 나이보다 발달 나이가 더욱 중요한 기준이다.

❶ **치료 단계**: 치료 과정에서의 치료 (개입) 단계를 설명한다. 치료 단계는 대략적으로 초기 또는 시작 단계, 중간 또는 작업 단계, 마감 또는 종결 단계의 3단계로 분류된다. 초기 단계는 관계 및 신뢰가 구축되는 단계이다. 중기 단계는 치료의 가장 중요한 단계이다. 종결 단계는 이전의 치료 작업이 통합되고 아동이 안녕을 말하는 단계이다.

❶ **준비물**: 치료 활동에 필요한 재료를 자세히 알려 준다.

**진행 방법**: 치료사가 치료를 실행할 수 있도록 단계별로 자세히 설명한다.

**진행 과정 중 가능한 질문**: 치료를 마친 후 내담자로 하여금 치료에 관해 생각해 볼 수 있게 하며, 내담자의 인식을 증진시키거나 치료 학습의 효과를 강화하기 위해 치료사가 사용할 수 있는 질문을 제시한다.

**과제**: 내담자에게 부여하는 과제를 의미한다. 과제는 새로운 개념을 명확히 이해하고 새로운 기술을 연습하며 새로운 경험을 쌓게 하여 이를 통해 진행 중인 치료 활동을 강화하는 효과가 있다. 아동의 나이와 역량에 따라 과제는 수정 가능하다.

**특별 고려사항**: 치료 방법 적용 시 상이한 효과를 보이는 아동의 경우 및 다양한 문제를 가진 아동을 위한 조정방안과 반복적인 치료에서 발생한 일반적인 '주의사항'들을 설명한다.

**적용 및 수정**: 치료 방법이 사용될 수 있는 다른 환경을 대안으로 제시한다. 만약 앞서 설명한 치료 활동이 개인에게 적합한 경우라면 집단을 대상으로 기법을 수정하는 방법을 알려 준다.

많은 치료사가 어떻게 이러한 생각을 하게 되었냐고 묻곤 한다. 답은 간단하다.

소품이 이 모든 것을 가능하게 했다. 나는 특정 도구가 어떠한 방식으로 치료상의 은유적 메시지를 전달하고 치료 기법을 가르치는 데 도움이 되는지 나 자신에게 질문을 던져 본다. 예를 들어, 나 자신에게 "여기 이 도구는 어떤 기능을 하기 위해 있는 걸까?"라고 묻는다. 돋보기라면, 답은 '물건을 확대하기 위해서, 특정 이미지를 더욱 크게 볼 수 있도록'일 것이다. 그런 다음 아동의 삶에 있어 어떠한 부분이 확대되어야 하는지 생각한다. 그리고 치료를 위해 오는 대부분의 아동은 자아 존중감이 낮고, 긍정적인 말보다는 부정적인 말에 익숙하다는 점을 고려한다. 이러한 사고의 훈련 과정을 통해 '긍정적인 것을 확대하라.'는 기법이 만들어질 수 있었다. 치료사들이 이 훈련을 시도한다면 자신만의 새로운 치료법을 만들어 낼 수 있을 것이다. 우리가 만나는 아동은 모두 그 내면에 보물을 가지고 있다. 아동은 그 아름다운 보석을 발견하기 위해 도움을 필요로 한다. 이 책에 소개된 기법을 신중하게 적용해서 우리가 치료하는 아동의 내면에 묻혀 있는 보물을 발견하게 되기를 진심으로 희망한다.

### 헌정사

Sam과 Madison은 매일 나에게 기쁨과 웃음을 주고, 남편은 나와 같이 가족을 이끌어 가는 공동창작자이자 나에게 계속적인 힘을 주는 사람이다. 그들에게 이 책을 바치고 싶다.

# 차 례

## 2 권

# 차 례

## 1권

제1장

# 정보 수집에 사용되는 도구

## (Tools for Use in Gathering Information)

# 학령전기 아동을 위한 지노게임 놀이
(The Preschool Play Geno-Game)

**치료 양식**: 개인/집단

**대상**: 3~12세

**치료 단계**: 초기/평가 단계

**치료 목표**

1. 가족의 역학구조(역동)에 대하여 내담자가 어떻게 인식하고 있는지를 알아본다.
2. 관계를 형성한다.
3. 내담자의 집중력과 과제 수행 능력을 평가한다.
4. 내담자의 상상력을 평가한다.

**준비물**

- 하얀색 두꺼운 포장지
- 마커펜(유성펜)
- 보상 스티커
- 보물로 여기는 소중한 것들
- 선택 가능한 여러 개의 장난감(모래놀이에 보통 사용되는 피규어로만 준비할 필요는 없다)

### 진행 방법

이 기법은 엘리아나 길(Eliana Gil)의 '획기적인 가계도 놀이'를 변형한 것이며, 이 기법을 통해 가계도 만들기는 장려 기법, 보상 기법, 이야기 만들기라는 후속 기법을 갖춘 놀이가 되었다. 기존의 평가 도구를 변형한 결과 어린 아동에게서 수집하는 평가와 관련된 정보의 층이 다양해졌다. 이 놀이는 원래 학령전기 아동을 위해 고안되었다. 하지만 이 아동들은 가족 구성원의 행동에 대하여 자신이 관찰한 것을 명확히 표현할 수 있는 언어 구사력이 아직 갖추어지지 않은 상태이며, 관찰한 내용을 바탕으로 가족 구성원에 관한 상징을 어떻게 표현해야 하는지도 알지 못한다. 그렇기 때문에 가족 구성원 각자를 상징하는 피규어를 사용한다면 아동에게 자신의 언어로 분명하게 표현할 수 있는 도구를 제공해 줄 수 있다.

먼저, 두꺼운 포장지에 내담자의 가계도를 그린다. 아동에게 가족의 '지도'가 그려지는 중이라고 설명한다. 아동이 가족 구성원의 이름과 나이를 이야기하면서 치료사가 가계도를 그리는 것을 도와줄 수 있도록 유도한다. 이때 내담자가 중요하게 여기는 가족 구성원이 모두 포함되었는지 확인한다. 증조모나 고모(이모), 애완동물이 포함될 수도 있다. 내담자의 정보가 매번 정확한 것은 아니다. 부모님은 열두 살이고 형은 오십 살이라고 이야기한 아동도 있다. 그런데 정보의 신뢰도는 가족 지도를 만드는 과정에서 생기는 아동의 감정에 비하면 그다지 중요하지 않다. 아동이 가지는 주인 의식이 이 활동을 완성하기 위한 아동의 동기를 한층 강화시켜 주기 때문이다. 지도가 완성되면 가족 구성원을 나타내는 원과 사각형에 돌이나 보물을 놓는다.

이제 아동에게 놀이 방법을 설명해 준다. "놀이치료실에서 엄마를 나타내는 피규어를 고르는 게임이란다. 피규어를 가져와서 올려놓으면 돌을 받을 수 있고 그 돌을 너의 컵에 담을 수 있어. 다섯 개의 돌을 모두 모으면 하나의 보물로 교환할 수 있어. 자, 준비되었니? 이제 엄마 피규어를 가져다줄래?" 이 과정에서 선택할 수 있는 피규어의 숫자는 가족 구성원의 수에 따라 달라질 수 있다. 이렇게 아동이 가족 구성원을 나타내는 피규어를 가계도 위에 올려놓으면 '지도' 위에 놓여 있는 그 상징물에 대하여 이야기하도록 한다. 활동이 끝날 때쯤에 아동은 보상 스티커를 가지고 실제 보상물로 교환할 수 있다.

### 진행 과정 중 가능한 질문

–이 피규어에 대하여 이야기해 주겠니?
–네가 말한 가족 이야기에 또 다른 결말이 있니?
–각각의 가족 피규어는 가족의 구성원이라는 것에 대하여 어떻게 느끼니?
–피규어에게 걱정이 있다면 무엇이니? 바라는 게 있다면 무엇이니?
–다른 피규어로 바꾸거나 대체하고 싶은 피규어가 있니? 그 이유는 무엇이니?

### 과제

이 기법은 정보를 수집하기 위해 고안되었다. 그런데 학령전기 아동에게 과제를 주는 것은 효과적이지 않으므로 이 기법에서는 과제를 제시하지 않는다.

### 특별 고려사항

어린 아동의 경우 마지막 피규어를 놓은 후 다음 피규어를 가져오라고 말로 다시 한 번 상기시켜 줄 필요가 있다. 이야기 만들기를 하는 동안 아동이 은유를 사용하도록 돕는 것 또한 중요하다. 이를 위한 가장 쉬운 방법은 아동이 피규어에게 이름을 붙여 주거나 아예 새로운 이름을 만들도록 하는 것이다. 그래서 이야기들은 보통 "옛날 옛날에 엄마가…….”가 아니라, "옛날 옛날에 백설공주가…….”로 시작한다. 아동이 만들어 낸 이야기의 장면에서 억압된 감정을 더욱 많이 해소할수록 치료사는 가족의 역학구조(역동)에 대한 아동의 지각과 관련하여 명백하게 드러난 지각과 투사에 관련된 정보를 더 많이 수집할 수 있게 된다.

### 적용 및 수정

평가를 위한 과정에서 아동이 어떤 피규어를 골랐는지도 중요하지만, 선택하기까지의 과정도 중요하다. 예를 들어, 아동은 아빠를 나타내기 위해 무서워 보이는 표정을 한 외계인을 바로 집어 들었다가 내려놓고 대신 슈퍼히어로를 선택했다. 아동은 상징을 통해 자신을 드러낸 것일 수도 있고, 화목하지 않은 자신의 가족을 부인하는 증거로써 '훌륭한' 가족을 만들어 내는 것일 수도 있다. 네 살 소녀는 아빠를 나타내는 세 개의 다른 피규어를 고르고 가계도 위에 그것들을 함께 놓았다. 그것들은 거대하고 공격적으로 보이는 레슬러와 혼자 힘으로 서 있기도 어려운 작고 보잘

것없어 보이는 남자 피규어, 그리고 디즈니판 〈노틀담의 꼽추〉(1996)에 나오는 다정한 왕자인 피버스(Phoebus)였다. 이 아동은 가정 폭력이 어떤 형태로 반복되는지 목격했고, 이 세 가지의 피규어를 통해 3단계로 나타나는 가정 폭력을 묘사했던 것이다. 나는 이 기법을 집단에도 적용했다. 모든 아동은 가계도를 그리고 활동을 수행했다. 그 후 집단 구성원은 집단 전체에 자신의 이야기를 하게 된다. 종종 연령대가 높은 아동은 공공연하게 그 캐릭터를 선택한 이유를 이야기하기 원하는데 이러한 경우에는 아동들이 이야기하도록 했다.

치료사는 아동의 집중력을 살펴보기 위해 이 기법을 사용할 수도 있다. 아동은 엄마를 나타내는 피규어를 찾을 때 집중력을 보이는가? 다른 피규어에 산만해지는 건 아닌지? 가계도의 어느 부분에 피규어를 놓았는지 기억할 수 있는가? 등의 질문을 통해 집중력을 평가할 수 있다. 아동이 활동에 접근하는 방식에서 드러나는 특이한 점은 삶에서 아동이 직면한 어려움을 반영할 수도 있다.

# 너의 마음을 색칠해 봐 (Color Your Heart)

**치료 양식**: 개인/집단

**대상**: 3세~성인

**치료 단계**: 초기 단계(또한 작업/종결 단계)

**치료 목표**

1. 내담자의 정서적인 어휘의 정도를 평가한다.
2. 내담자가 자신의 정서적인 삶에 대하여 어떻게 이해하고 있는지 평가한다.
3. 특정한 치료상 개입이 필요한 감정들(슬픔, 분노, 외로움)을 파악한다.

**준비물**

–아무것도 써져 있지 않은 빈 종이

–크레용 또는 마커펜(유성펜)

### 진행 방법

이 기법은 케빈 오코너(Kevin O'Connor)의 '당신의 인생을 색칠하라' 기법을 변형한 것이다. 먼저, 모든 사람이 내면에 많은 감정을 동시에 가지고 있다고 설명한다. 하얀 종이 위에 큰 하트를 그린다. 그러고 나서 종이의 오른쪽 모서리 하단에 색상 코드(색상을 통한 표시 체계)를 나타내는 빈 상자를 그린다. 활동 중에 어떤 색상이 어떤 감정을 나타내는지 아동이 선택할 수 있도록 도와준다. 이 과정은 매우 중요하다. 파란색이 슬픔을 나타내는 것이 당연해 보이지만 아동은 파란색을 보고 다른 감정을 느낄 수도 있고 또는 다른 색상에서 슬픔을 느낄 수도 있기 때문이다. 이렇게 색상 코드를 미리 단정할 경우 평가도구로서의 가치가 훼손될 수 있다. 아동은 적어도 다섯 가지의 감정 단어와 색깔을 연결시켜야 한다. 아주 어린 아동이라면 치료사가 대신할 수도 있다. 이제 다음의 지시사항을 알려 준다. "색상 코드의 각 색상으로 네가 원하는 대로 하트를 색칠해 봐. 그리고 하트 안에 칠한 색상의 양과 지금 네가 느끼는 감정의 양을 연결해서 생각해 보자."라고 말한다. 예를 들어, 아동이 화가 났다는 것을 나타내기 위해 빨간색을 선택하고 아주 많은 부분을 빨간색으로 칠했다면 이는 아동이 지금 화가 아주 많이 났다는 사실을 반영하는 것이라고 할 수 있다.

### 진행 과정 중 가능한 질문

– 네가 첫 번째로 생각한 감정 단어는 무엇이니?
– 이 하트 그림에서 빠진 감정이 있다면 그것은 무엇이니?
– 네 하트 그림에서 빼고 싶거나 더하고 싶은 어떤 색깔/감정이 있니?
– 6개월이나 1년이 지난 후에 하트는 어떻게 보일 것 같니?

### 과제

치료사는 이 그림을 특별한 책자에 보관하도록 한다. 치료사와 어느 정도 상담이 이루어진 후 다시 새로운 하트를 색칠하도록 하여 변화된 모습을 확인할 수 있다.

### 특별 고려사항

나이가 어린 내담자의 경우 스스로 감정과 색깔을 연결했지만 어느 색상이 어떤 감정을 나타내는지 기억하지 못할 수 있다. 치료사는 색상 코드의 첫 번째 색상에 대하여 상기시켜 줄 수 있다. "이 색은 노란색이고 행복을 의미한다고 네가 말했었지. 오늘 네가 행복한 만큼 색칠해 보도록 하자."라고 이야기한다. 아동이 이를 완전히 수행할 때까지 기다린 후 다음 색상과 감정으로 넘어가도록 한다.

**적용 및 수정**

이 기법은 치료의 모든 과정에서 내담자의 정서에 대한 정보를 얻을 수 있는 재미있고도 신속한 방법이다. 일반적으로 치료의 시작 단계에서는 하나의 하트를 가지고 진행하며, 중간이나 마지막 단계에서 다른 하트를 가지고 진행한다. 대부분의 사례에서 아동과 나는 감정과 색상의 수가 늘어나는 것을 보며 기뻐했는데, 이는 내담자가 내면에 지니고 있는 감정의 다양함을 인지할 수 있을 만큼 성장했다는 것을 보여 주기 때문이다. 또한 지배적이며 다루기 어려운 분노, 두려움, 슬픔과 같은 감정들은 보통 감소하는 것을 알 수 있다. 대부분의 아동은 첫 번째 그림을 정확하게 기억하지 못하는데 이는 오히려 이전과 비교했을 때 현재의 성장을 나타내는 것으로 볼 수 있다. 가끔 두 번째 그림은 새로운 치료 문제가 생겨난다는 사실을 치료사에게 보여 준다. 예를 들어, 아동은 가해자에 대하여 더 이상 공포를 느끼지는 않지만 마음속에 슬픔이나 분노는 가득 차 있을 수 있다. '당신의 인생을 색칠하라'를 변형한 '너의 마음을 색칠해 봐' 기법은 두 가지 주요한 측면에서 오코너의 작업과는 다르다. 첫째, 아동은 이 기법에서 자신의 감정과 색깔을 연결 지어 선택한다. 둘째, 이 기법은 이전에 경험한 모든 감정을 살펴보거나 확인하기 위한 것이 아니라 지금 현재 느끼고 있는 감정 상태가 무엇인지를 다룬다. 그렇기 때문에 자기보고 평가도구로 사용될 수 있다. 이 기법은 활동을 통해 아동의 감정에 대하여 파악하고, 부모로 하여금 자녀의 감정 상태를 명확히 파악할 수 있도록 하며, 치료 계획의 방향을 정립할 수 있도록 돕는다.

이 '너의 마음을 색칠해 봐' 그림은 치료를 시작한 지 얼마 안 되는 네 살 소녀가 그린 것이다. 이 하트 속의 감정들은 왼쪽에서 오른쪽으로 차례로 분노 그리고 어리석음, 실망, 슬픔, 부끄러움을 나타낸다. 오른쪽 상단에 갈색으로 덧입혀진 부분은 시끄럽다는 뜻이며, 아주 작은 노란색 부분은 행복함을 나타낸다.

이 '너의 마음을 색칠해 봐' 그림은 동일한 소녀가 치료 과정이 상당히 진행된 후에 그린 것이다. 감정 단어들과 색칠된 부분들이 증가한 점이 눈에 띈다. 이 그림을 통해 치료 초기 내담자의 감정 대부분을 차지했던 분노 및 실망이 감소하고 대신 내담자가 다양한 감정을 인식하기 시작했다는 것을 볼 수 있다. 또한 행복함을 상징하는 노란색 부분이 얼마나 많은 부분을 차지하고 있는지 주목해 보자.

# 내슈빌의 왕
# (King of Nashville)

**치료 양식**: 개인/집단/가족

**대상**: 6~12세

**치료 단계**: 초기/평가 단계

**치료 목표**

1. 평가 정보를 수집한다.
2. 내담자의 옳고 그름에 대한 인식을 살펴본다.
3. 내담자가 더욱 통제하고 싶어 하는 삶의 영역을 살펴본다.

**준비물**

–플라스틱 왕관

–고급스러운 왕의 모자

–왕의 홀(scepter)

–망토 또는 시트

–종이

–마커펜(유성펜)

### 진행 방법

내 사무실은 내슈빌 시내가 내려다보이는 빌딩의 12층에 위치해 있다. 처음으로 방문한 내담자는 종종 바로 창문으로 걸어가 "와우, 선생님은 이곳에서 도시 전체를 다 볼 수 있네요."라고 말하곤 한다. 그러면 나는 "네가 내슈빌의 왕 또는 왕비라고 생각해 보자."라고 말하며 놀이로 초대한다. 나는 왕관 또는 고급스러운 왕의 모자와 홀을 아동에게 건네 준다. 나는 종이 한 장과 펜을 가지고 아동 앞에 무릎을 꿇으며 말한다. "오, 지혜로우신 왕이시여. 당신은 모든 것의 주인이십니다. 왕국의 법과 규칙은 무엇입니까?"라고 묻는다. 아동은 존중받는 위치에 놓이게 되면 웃음을 터뜨리며 즐거워한다. 아동은 서너 가지의 법과 규칙을 만들어 낸다. 활동을 마친 후, 아동에게 '내슈빌의 왕'으로서 만든 법 중에 실제로 존재하기를 원하는 법은 무엇인지 질문한다. 마지막으로, 모든 사람이 그의 법에 순종한다면 그의 왕국은 어떤 모습일지 내담자에게 그림을 그려 보도록 한다. 아동이 만든 법을 통해 아동이 지닌 기대 및 소망, 근심에 관한 유용한 정보를 얻을 수 있다. 한 8세 소녀는 "내슈빌에서는 담배를 피울 수 없어요."를 자신의 왕국의 첫 번째 법으로 정했다. 이 아동은 엄마가 폐암으로 죽을까 봐 겁에 질려 있었다. 또 어떤 아동은 자신의 왕국에서는 이혼을 할 수 없다고 정했다. 이 법을 통해 내담자가 치료를 받으러 온 이유를 짐작할 수 있을 것이다. 이 법으로 인해 아동의 도덕적 발달과 옳고 그름에 대한 분별력을 파악할 수 있다. 또한 치료사는 추가로 치료가 필요한 문제가 어떤 것인지 정확하게 알 수 있게 된다.

### 진행 과정 중 가능한 질문

–너의 왕국에서 가장 중요한 법은 무엇이니?
–만약 네가 법 조항들을 정하지 않는다면 국민은 어떠할 거라고 생각하니?
–왕이 되어 법을 정해 보니 어떤 기분이 드니?
–너의 왕국에서 법은 어떻게 시행되겠니?
–누가 법을 어길 거라고 생각하니?

### 과제

왕국의 법 중 한 가지를 골라서 부모님이나 양육자에게 이야기하도록 권유한다.

그들이 내슈빌의 왕과 여왕이 된다면 그들이 만들 법은 어떤 것들일지 알아보도록 한다.

### 특별 고려사항

아동이 과제를 수행하기 전에 부모가 이 활동의 의미를 이해해야 한다. 어떤 부모는 아동이 만들어 낸 법이 부모의 행동을 제한하는 데 영향을 미친다면 이를 부담으로 느낄 수 있다. 치료사는 아동으로 하여금 어떤 법(소망이나 희망)을 부모와 공유해야 하는지 결정하는 과정을 거치도록 도와주어야 한다.

### 적용 및 수정

이 기법은 치료사와의 초기 관계를 형성하는 시기에 아동에게 권한을 제공하는 아주 훌륭한 방법이다. 보통 이 기법은 이 책의 평가 회기에 실려 있는 K-F-D 및 세 가지 소망, 그 밖의 다른 투사기법과 함께 개별 내담자를 대상으로 하는 평가 단계 중에 적용된다. 한편, 이 기법은 집단이나 가족 환경에서도 적용 가능하다. 이 경우 하나의 집단이나 가족 중 한 명이 왕이 될 수 있는 기회를 얻게 되고 왕국의 법을 정할 수 있다. 나머지 집단과 가족 구성원은 그 법을 읽고 집단은 각 개인이 정한 목록 중 한 가지의 법을 함께 선택한다. 이러한 방식을 통해 모든 사람이 왕국의 법을 만드는 데 일조하게 된다. 이 기법은 경계 문제를 가진 아동을 치료하기 위해 수정될 수 있다. 예를 들어, 치료사는 아동으로 하여금 분노 표현을 조절하고, 만지는 것을 제한하는 법을 만들어 실행할 수 있도록 도와줄 수 있다.

사무실 창문에서 내려다보이는 내슈빌(아동의 왕국)의 전망

# 먹을 수 있는 동물 농장
# (Edible Animal Farm)

**치료 양식:** 개인/집단/가족

**대상:** 3세~성인

**치료 단계:** 초기 단계

**치료 목표**

1. 가족 역동을 평가한다.
2. 내담자의 가족 관계에 대한 인식을 알아본다.
3. 내담자와 가족 관계에 관련된 치료 계획을 세운다.
4. 음식을 통해 간접적으로 내담자를 양육한다.
5. 라포를 형성하고 치료사와의 관계를 형성한다.

**준비물**

–통밀 크래커

–땅콩버터

–동물 모양 크래커

### 진행 방법

이 기법은 본래 투사적인 특성을 지닌다. 동물에 비유하는 것은 내담자 가족의 기원 또는 근본적인 역동을 알아보기 위해서이다. 먼저, 몇 개의 통밀 크래커를 평평한 바닥에 나란히 놓는다. 아동에게 땅콩버터를 주고 통밀 크래커를 서로 맞붙일 수 있도록 한다. 크래커를 붙이기 위해 바닥에 놓인 통밀 크래커 윗부분에 땅콩버터를 바르도록 도와준다. 이제 다른 종류의 동물 모양 크래커를 준다. 분명하게 보이는 동물 모양 크래커, 잘 보이지 않는 크래커, 설탕으로 덮인 크래커 등 다양한 모양을 주도록 한다. 아동에게 가족 구성원을 나타내는 동물 크래커를 고르도록 한다. 이것이 다양한 동물 크래커를 준비하는 이유이다. 아동이 부모님에 해당하는 동물을 고르고 나면, 농장에 함께 살고 있다고 생각하도록 한다. 이 동물들을 '농장에서' 함께 일을 하고 있는 것처럼 놓도록 한다.

이 작업을 마치면, 아동에게 농장에 있는 동물에 관한 이야기를 만들게 한다. 아동에게 이야기는 처음 · 중간 · 결말이 있어야 하며, 농장의 모든 캐릭터는 이야기 속에서 분명히 언급되어야 한다는 지시사항을 알려 준다. 아동은 치료사가 가진 피규어들을 이용하여 원하는 만큼 멋지고 화려하게 농장을 꾸밀 수 있다. 아동은 경계를 짓는 담장이나 잔디로 쓰일 초록색 코코넛을 원할 수 있다. 이처럼 가능한 한 많은 선택권을 아동에게 제공하도록 한다.

### 진행 과정 중 가능한 질문

- 어떤 동물이 가장 마음에 드니? 가장 마음에 들지 않는 동물은 어느 것이니? 그 이유는 무엇이니?
- 다시 이야기를 읽어 줄 텐데, 이야기 속의 다른 캐릭터들은 어떻게 느끼니?
- 할 수만 있다면 농장에서 어떤 동물을 떠나 보낼 수 있니? 그 이유는 무엇이니?
- 차례로 동물을 하나씩 고른 다음 가능한 한 많은 형용사를 사용해서 설명해 보겠니?
- 만약 너의 농장이 바뀔 수 있다면 어떻게 바꾸고 싶니? (첫 번째 농장 그림을 가져온 후 바꾸도록 한다)

### 과제

이번 주에는 내담자로 하여금 가족 구성원이 그(그녀)를 상징하는 동물처럼 행동하는 한 가지 방법을 찾아보도록 한다. 다음 회기까지 이에 관한 이야기를 할 수 있도록 준비해 오도록 한다.

### 특별 고려사항

음식을 사용한 개입은 섭식장애를 가진 아동이나 비만 아동에게는 적절하지 않다. 나이가 아주 어린 아동이라면 "엄마를 닮은 동물을 골라 볼래."라는 지시어뿐만 아니라 활동 중에 더욱 많은 지시어를 필요로 할 것이다. 예를 들어, "그리고 그 다음엔 무슨 일이 일어났니?" 또는 "이야기에서 코끼리는 무엇을 하지?" 등이 있다.

### 적용 및 수정

'먹을 수 있는 동물 농장'은 음식을 사용하여 아동을 양육하면서 가족 역동에 대한 인식을 탐구하도록 돕는 재미있는 기법이다. 이 기법은 특히 입양 아동, 이혼가정 또는 재혼가정의 아동에게 도움이 될 수 있다. 부모가 이혼하여 아동이 두 개의 가정을 가지고 있다면 동물 농장 활동도 각각의 가정에 기초해 이루어진다. 한 농장은 다른 농장과 어떻게 관련되어 있는지, 한 농장의 동물은 다른 농장의 동물과 어떻게 관련되어 있는지 등의 이야기가 포함될 것이다. 입양 가정의 경우, 아동은 생물학적 부모 또는 자신이 애착을 가지고 있는 입양 가정의 구성원들을 포함하기를 원할 수도 있고 그 반대일 수도 있다. 아동은 가끔 통밀 크래커를 더 요구할 것이며, 이를 이용해 조그만 섬을 만들 것이다. 그리고 이곳에서 가족 구성원을 상징하는 동물들이 핵가족으로부터 거리상 멀리 떨어진 곳에 살도록 꾸밀 수 있다.

치료사는 모래 상자를 꾸미는 과정과 매우 유사한 방식으로 내담자와 함께 동물 농장 만들기를 진행할 수 있다. 가족 구성원들은 얼마나 가까운지, 반대로 사이가 가깝지 않은지 그리고 서로를 바라보는지 또는 등을 돌리고 있는지, 그들은 한편인지 아니면 소외된 존재인지, 농장의 특정 동물이 되었다면 어떤 느낌인지 등의 질문을 통해 진행이 가능하다.

처음에 농장을 만든 후 내담자에게 바꿀 수 있는 기회를 주는 것과 그 시각적인 변화에서 비롯된 심리적 측면을 다루는 것은 매우 중요하다. 예를 들어, 치료사는 내담자로 하여금 원하는 방식에 따라 농장을 바꾸도록 권유한다. 내담자는 엄마를 상징하는 동물을 자신을 상징하는 동물에 더욱 가까운 위치로 이동시킬 수 있다. 이럴 때 치료사는 내담자로 하여금 거기에서 일어나는 감정이 무엇인지 살펴보고 내담자의 엄마와 더 깊게 친밀하고 싶은 욕구가 잘 연결되도록 돕는다.

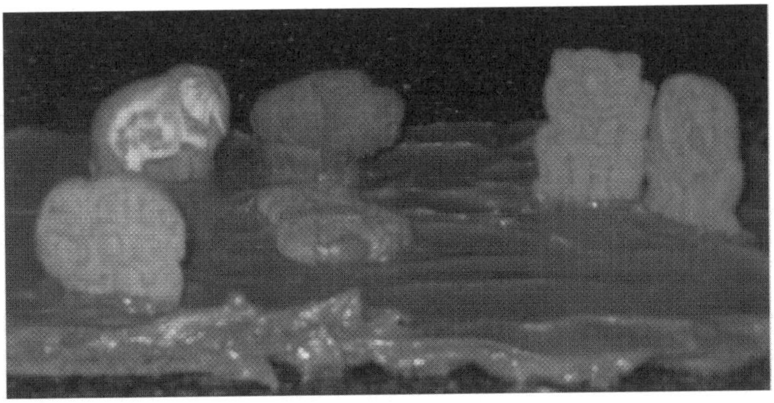

이 사진은 내담자의 동물 농장을 보여 준다. 엄마는 얼음으로 덮인 코끼리로 표현되었는데, 이는 '항상 좋은 옷을 입기 때문'이다. 아빠는 엄마 옆에 서 있는데, 이는 아빠가 강하기 때문에 엄마는 아빠로부터 아동을 보호하기 위해 가운데에 서서 아빠와 아동을 차단하고 있음을 의미할 수 있다. 아빠는 사자인데, 이는 '항상 아동을 향해 으르렁거리기 때문'이다. 오른쪽 코너에는 아기 고양이와 강아지가 있다. 이들은 내담자의 쌍둥이 형제를 나타내는데, 이는 '그들이 아주 귀엽고 항상 함께 하기 때문'이다. 중앙에는 아주 귀여운 곰돌이 인형이 있는데, 이는 신생아를 눕혀 놓은 것을 뜻한다. 내담자를 찾아 보면 사진에서 왼쪽 하단 코너에 위치하며 자신을 나타내기 위해 거북이를 골랐다. 이는 내담자가 '학교를 향해 아주 느리게 가기 때문'이다. 그리고 거북이가 다른 동물들과 떨어져 외로이 있는 점에 주목하도록 한다.

# 구름의 머리
# (Head in The Clouds)

**치료 양식:** 개인/집단/가족

**대상:** 3~10세

**치료 단계:** 초기 단계(또는 작업/종결 단계)

**치료 목표**

1. 평가 정보를 수집한다.
2. 내담자의 소망과 꿈을 탐색한다.
3. 내담자의 자아의식을 탐색한다.

**준비물**

- 동화책: 에릭 칼(Eric Carle)의 『작은 구름(Little Cloud)』 그리고/또는 찰스 쇼(Charles G. Shaw)의 『쏟아진 우유(It looked like Spilt Milk)』
- 휘핑 크림(면도 크림으로 대체 가능)
- 앞치마/긴 셔츠

### 진행 방법

먼저, 『작은 구름』을 읽는다. 이 책은 작은 구름이 나머지 구름에서 떨어져 나와 서서히 흘러가면서 작은 구름이 보아 온 상어 및 왕관, 모자와 같은 다양한 모습이 되어 가는 내용이다. "작은 구름은 두 개의 나무로 변했는데, 나무가 움직이지 못하고 항상 한 자리에만 머물러야 하는 것을 그 구름이 좋아하기 때문이다."라는 문장은 이 책에서 발췌한 내용이다. 이 이야기는 변화를 상징하는 비유를 포함하고 있으며, 아동으로 하여금 자신이 아닌 다른 존재가 되는 공상이 문제가 없다는 사실을 아동이 이해하도록 돕는다. 이 이야기는 큰 구름과 다시 만나는 것으로 끝난다. 『쏟아진 우유』라는 책에서 구름은 다양한 모습으로 등장하며, 이로 인해 활동 중에 추가로 사용할 수 있다. 이야기를 읽고 난 후 아동에게 긴 셔츠와 휘핑크림이 들어 있는 통을 준다. 휘핑크림 통은 이 훈련에 특히 유용하다. 아동은 휘핑크림을 이용해 그림을 그릴 수도 있다. 이제 아동에게 자신이 구름이라면 되고 싶은 것 또는 하고 싶은 모양을 상상해 보도록 한다. 아동이 크림으로 구름 모양을 만들고 나면 그 구름에 대한 이야기를 만들어 보도록 한다.

### 진행 과정 중 가능한 질문

- 하나를 고르기 전에 머릿속에 스치고 지나간 다른 모양은 무엇이었니?
- 너의 구름 모양을 묘사할 수 있는 단어를 나열해 보자.
- 손에 있는 휘핑크림 느낌은 어땠니?
- 엉망진창의 느낌은 어땠니?
- 지금 구름을 어떻게 바꾸고 싶니?
- (집단 활동의 경우) 네가 만든 구름 모양과 다른 구성원의 구름 모양을 더해 새로운 구름을 만들면 어떤 모양이 될 것 같니?

### 과제

때로는 바닥에 누워 하늘의 구름을 바라보도록 한다. 구름에서 볼 수 있었던 모든 모양의 목록을 만들어 다음 시간에 가져오도록 한다.

### 특별 고려사항

연령이 높은 아동은 이 책들을 '유치하다'고 여길 수 있기 때문에 이 기법을 적용하기 전에 우선 연령대를 파악해야 한다. 다시 한 번 강조하지만, 이 기법은 음식을 포함하기 때문에 섭식장애가 있는 아동에게는 적합하지 않을 수 있다. 또한 이 기법은 환상과 투사를 포함하고 있기 때문에 현실성 검사(정신질환)에서 어려움을 겪는 아동에게는 적합하지 않을 수 있다. 차갑고 젖은 휘핑크림을 만지고 응용하는 것에서 비롯되는 촉감은 성적 학대를 당한 일부 아동에게는 트라우마 충격을 일으키는 촉발제로 작용할 수 있다. 따라서 성적 학대를 당한 아동에게 이 기법을 사용하기 위해서는 이완 훈련과 치료사와의 강한 신뢰 형성이 사전에 필수적으로 이루어져야 한다.

### 적용 및 수정

이 기법은 내담자 개인에게도 사용할 수 있으나 가족이나 집단 환경에서 사용되면 더욱 재미있다. 집단이나 가족 환경에서는 각 구성원이 자신의 구름 모양을 만든다. 그러나 각자 만든 이야기는 만들어 낸 모든 구름 모양에서 하나의 이야기로 연결되어야 한다. 모든 구성원이 각자 자신의 이야기를 들려주었다면 이제 치료사는 구성원으로 하여금 모든 휘핑크림을 중앙으로 민 다음 함께 하나의 구름 모양을 만들도록 지시한다. 이는 대단한 협력구축 활동이다.

이 활동과 관련된 또 다른 치료 요소는 감각과 관련되어 있다. 손을 사용해 환상 속의 구름 모양을 만들어 내고 이야기를 만드는 이 활동은 동시에 운동 감각을 포함하고 있다. 게다가 휘핑크림을 사용하는 것은 그 자체로 재미있는 놀이이다!

이 기법은 내담자의 이완 훈련에 사용될 수 있다. 치료사는 내담자로 하여금 눈을 감고 이야기를 들으면서 이야기 속의 구름이 되는 자신을 상상하도록 한다. 내담자는 스트레스 상황에서 이를 떠올릴 수 있도록 연습한다. 치료 중 외부로 나갈 수 있다면 누워서 구름을 올려다 볼 수 있으며, 이는 내면적으로 이완된 경험을 선사할 것이다. 물론 사무실 안에서도 이러한 상상은 가능하다. 또는 치료사가 하얀 종이를 다양한 구름 모양으로 잘라 천장에 부착한 후 내담자가 이를 보고 상상할 수도 있다. 마지막으로, 치료사는 "집단이나 치료사가 너를 어떻게 기억해 주었으면 하는지 그 방식을 보여 주는 구름 모양을 만들어 볼래?"라는 지시어를 사용해서 종결 단계를 진행할 수 있다.

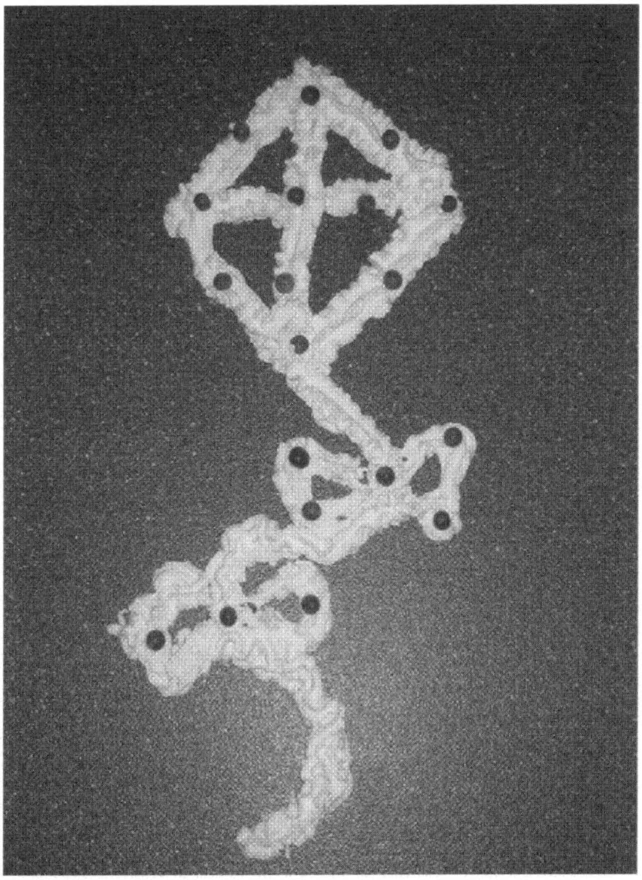

내담아동은 자신을 연으로 표현하고 있는 것 같다. 치료사는 연이 되는 것이 아동에게 어떠한 의미인지 탐색할 것이다. 밝음 또는 자유, 아름다움을 의미할 수 있다. 이후에 아동은 이완하려고 노력할 때마다 이러한 이미지를 떠올릴 수 있을 것이다.

제2장

# 감정 표현하기와 말하기

## (Feelings Expression and Verbalization)

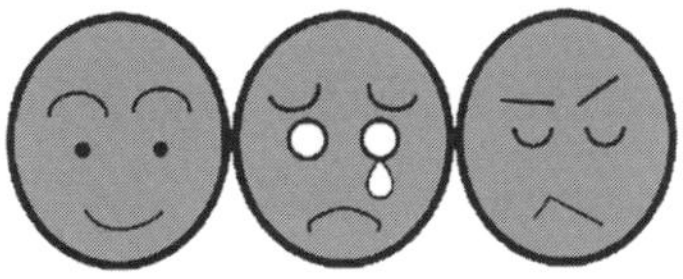

# 떡으로 표정 만들기
## (Rice Cake Feeling Faces)

**치료 양식**: 개인/집단/가족

**대상**: 3세~성인

**치료 단계**: 초기/중기 작업/종결 단계

**치료 목표**

1. 신체적 표정과 감정을 정확하게 일치시킨다.
2. 감정을 파악한다.
3. 감정단어를 확장시킨다.

**준비물**

–떡

–여러 색의 아이싱

–땅콩버터

–사탕

–말린 과일

–땅콩

### 진행 방법

이 기법은 나의 대학원생 제자인 트레이시 스티어(Tracy Steyer)의 아이디어를 변형한 것이다. 내담자에게 이야기를 듣고 떡을 사용해 감정을 나타내는 얼굴을 만들어 볼 것이라고 설명한다. 아동의 임상 문제해결에 적합한 독서치료 도구는 무엇이든지 가능하다. 첫 번째 표정은 보통 함께 만들어 보는 것이 좋다. '행복'은 대부분의 아동들이 느끼는 감정 중 가장 위협적이지 않은 것이기 때문에 처음 시도로 가장 적절하다.

먼저, 아이싱 또는 땅콩버터의 색상을 고르도록 한다. 다른 피부색을 표현하기 위해 바닐라, 밀크 초콜릿, 캐러멜, 다크 초콜릿을 준비하는 것이 중요하다. 미니 M&M은 눈을 표현할 수 있고, 말린 살구 또는 트위즐러를 사용해 입을 표현하고, 작은 젤리는 코를, 말린 사과는 귀를 표현할 수 있다. 먹을 수 있는 재료를 더욱 많이 준비할수록 더욱 생생한 표정을 만들 수 있다.

표정을 완성하면 이야기를 하기 시작한다. 아동으로 하여금 이야기의 주인공들이 다른 감정을 느낄 때는 언제나 손을 들도록 한다. 이야기 도중 새로운 감정이 나타나면 이야기를 들려주는 것을 멈추고 아동이 감정을 나타내는 표정을 떡으로 만들도록 도와준다. 아동에게 새로운 얼굴을 만들 수 있는 충분한 시간을 주도록 한다. 이야기가 끝날 때쯤 아동은 네다섯 개의 얼굴을 완성한다. 그런 다음 각각의 얼굴의 특징이 어떠한 방식으로 감정을 드러내는지 이야기한다. 내면의 감정과 관련되어 있는 신체적 감정에 집중하는 것은 이후 내담자의 삶의 태도에 영향을 미친다.

### 진행 과정 중 가능한 질문

- 어떤 감정들을 얼굴로 표현했니?
- 어느 것이 가장 표현하기 어려웠니? 그 이유는 무엇이니?
- 얼굴의 어느 부분을 통해 감정을 나타냈니? (예: 입은 미소로 행복을 나타내고, 눈은 눈물로 슬픔을 표현한다)
- 다른 사람들은 이러한 감정들을 어떻게 표현할 것 같니? 너를 보여 주는 신체의 다른 부분들은 또 어디가 있니?
- 사람들의 감정을 그들의 얼굴에서 볼 수 있는 방법 중에 너에게 도움이 될 만한 것들은 뭐가 있겠니?

### 과제

하나의 감정을 선택한 후 탐정이 되어 보도록 한다. 내담자가 선택한 감정에 대하여 사람들이 표현하는 방식이 어떻게 다른지 관찰하도록 한다. 예를 들면, 탐정이 되어 사람들이 분노를 표출할 때 어떤 방식으로 서로 다르게 표현하는지 살펴보도록 한다. 엄마는 이를 악물고, 친구는 주먹을 꽉 쥐고, 남동생은 발을 쾅쾅 구른다는 것을 알게 될 것이다. 다음 회기까지 이렇게 관찰된 내용을 가지고 이야기할 수 있도록 준비한다.

### 특별 고려사항

이 기법은 음식을 재료로 사용하기 때문에 섭식장애가 있는 아동에게는 적합하지 않다. 심각한 사회적 장애가 있는 아동은 신체적 단서를 바로 알아차리기 힘들기 때문에 표정 만들기를 어려워할 것이다. 이 경우 치료사는 직접적이고 구체적으로 과제를 내 주어야 한다. "오늘 한 사람의 얼굴을 바라보고 눈맞춤을 하는 거야. 그리고 그 사람이 느끼는 감정을 파악해 볼래?"라고 말하는 식이다.

### 적용 및 수정

이 기법은 신체적 단서를 통해 감정을 파악하는 데 유용하다. 신체 언어를 읽는 것은 아이들이 치료를 성공적으로 마치기 위해 배워야 하는 가장 중요한 기술 중 하나이다. 표정 만들기에 사용되는 감정은 아동의 문제와 관련된 이야기를 들려주는 과정에서 생겨날 수도 있고, 아동의 삶에서 나타날 수도 있다.

이 기법은 집단 및 가족 환경에도 적용 가능하다. 이 경우 각 구성원은 하나의 표정을 만들고 집단은 집단의 이야기를 만들어 낸다. 치료사가 이야기를 시작하면 구성원들은 각자의 이야기를 추가하고 집단의 구성원이 만든 표정을 반영하여 이야기를 만들어 나간다. 또한 표정들은 한 명의 내담자가 경험한 여러 감정을 묘사하기 위해 사용할 수 있다. 이러한 방식은 내담아동이 가진 상실과 슬픔 치료에 특히 유용하다.

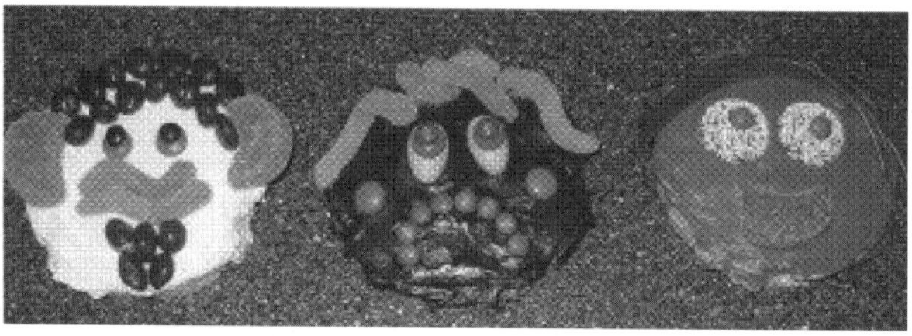

# 감정을 표현하는 기타 (Mood Music)

**❶ 치료 양식:** 개인/집단

**❶ 대상:** 3세~성인

**❶ 치료 단계:** 중기 작업 단계

**❶ 치료 목표**

1. 비언어적인 소리와 감정을 연결시켜 언어를 통한 감정 표현에 대한 저항을 줄인다.
2. 선행 사건의 결과로 나타날 수 있는 적절한 감정 상태를 내담자가 파악하도록 돕는다.
3. 내담자가 동일한 감정의 다양한 강도 또는 정도를 인식하고 다룰 수 있도록 돕는다.

**❶ 준비물**

–기타

–이야기(동화)(낸시 데이비스(Nancy Davis)의 『가르치고 치료하는 치료 이야기(Therapeutic Stories That Teach and Heal)』를 사용해도 좋다)

### 진행 방법

먼저, 음악은 감정들로 가득하며, 많은 감정은 말하지 않고도 음악을 통해 전달될 수 있다고 설명한다. 다양한 종류의 음악 샘플을 편집해서 아동에게 들려준다. 한 곡을 듣고 느껴지는 주된 감정에 이름을 붙이도록 한다. 그런 다음 아동에게 기타를 보여 준다. 진짜 악기는 아동에게 매우 특별하게 느껴진다. 그렇기 때문에 악기를 만질 수 있는 특권을 부여하는 것은 게임을 위한 지시사항을 잘 이행할 수 있도록 하는 좋은 방법이 된다. 아동에게 주의 깊게 듣도록 지시한다. 기타 줄을 튕기고 각 줄의 소리가 어떻게 다른지 이야기한다. 이때 다른 느낌을 과장된 방식으로 표현한다. 아동에게 개별 음이 어떤 느낌을 주는지 선택하도록 한다. 행복과 슬픔, 분노, 두려움은 꼭 포함되도록 한다. 느낌을 나타내는 단어를 작은 종이나 포스트잇에 쓰게 한 후 그 종이를 기타 줄에 부착하도록 한다. 이제 치료사가 이야기를 들려줄 때 아동은 기타를 들고 있도록 한다. 치료사는 이야기 도중에 내용이 바뀔 때 갑자기 멈춘다. 이때 아동은 이야기 속의 캐릭터의 기분을 가장 잘 반영하는 것처럼 생각되는 줄을 튕기면서 재빨리 반응하도록 한다.

말로 감정을 표현하는 것이 어려운 아동도 이야기의 여러 부분에서 느껴지는 캐릭터의 느낌과 그에 맞는 소리(정확한 감정 줄 튕기기)를 연결할 때 놀랍도록 정확한 면모를 보이곤 한다. 내담자가 캐릭터의 감정과 소리를 모두 연결했다면 이제 난도를 높이도록 한다. 이야기를 다시 들려주고 이번엔 캐릭터가 조금 화가 났다면 기타 줄을 부드럽게 튕기고, 분노했다면 기타 줄을 세게 튕기도록 한다. 이 과정을 통해 내담자는 정서 조절과 다양한 감정의 강도에 대하여 간접적으로 학습하게 된다.

### 진행 과정 중 가능한 질문

- 기타 소리를 통해 다른 감정들을 들을 수 있겠니?
- 어떤 줄이 가장 행복하게 들리니? 어떤 줄이 가장 슬프게 들리니?
- 모든 아이가 같은 줄이 내는 소리를 듣고 같은 기분을 나타내는 단어를 선택할 것 같니? 그 이유는 무엇이니? 그렇지 않다면 그 이유는 무엇이니?
- 이야기가 갑자기 멈추었을 때 어떤 줄을 튕길지 어떻게 결정했니?
- 이야기가 진행되는 동안 감정을 나타내기 위해 캐릭터마다 여러 개의 기타 줄을 튕겼니?

### 과제

학교에서 이야기를 들을 때 그 이야기의 여러 부분에서 서로 다른 캐릭터들이 느끼는 감정을 추측해 보도록 한다. 또한 한 주 동안 내담자가 가장 많이 느낀 감정과 닮은 음악을 찾아보고, 다음 시간에 같이 들어보기 위해 가져오도록 한다.

### 특별 고려사항

어린 아동은 기타 줄과 감정을 연결하기 어렵다. 이 경우 행복한 얼굴 또는 슬픈 얼굴 등을 나타내는 그림 표정 카드를 만들어 기타 줄에 붙이면 아주 어린 아동이나 학습장애가 있는 아동이 정확하게 연결하는 데 도움이 된다.

### 적용 및 수정

이 기법은 말하기를 원하지 않는 것처럼 보이고, 자신의 감정에 이름을 붙여야 하는 활동이나 직접적인 질문에 많은 부담을 느끼는 것처럼 보이는 아동에게 처음으로 사용할 수 있는 활동이다. 내담아동은 감정을 표현하기 위해 소리를 사용하고 이야기 속 캐릭터의 감정을 정확하게 판단한다. 내담자의 실제 상황에서 소리나 감정이 더욱 많이 표현될수록 저항에 직면하는 경우가 더욱 줄어든다.

이 기법은 집단에 쉽게 적용 가능하다. 치료사는 두세 문장을 읽은 후 갑자기 이야기를 멈추고, 이때 기타를 가진 내담자는 치료사가 말을 중단한 즉시 이야기의 사건이 주는 느낌을 반영하는 기타 줄을 튕겨야 한다. 아동이 신속하게 반응했다면 다시 한 번 기회를 준다. 그렇지 않은 경우에는 기타를 다음 구성원에게 주도록 한다. 이 활동은 아동이 각별한 주의를 기울일 수 있도록 도우며, 그로 인해 주의 기울이기에 어려움을 겪는 아동에게는 연습의 기회가 된다. 치료사가 더욱 많은 투사된 정보를 수집할 수 있는 방법은 아동으로 하여금 이야기가 진행되는 도중에 직접 이야기를 만들도록 하는 것이다. 이때 이야기에는 시작 · 중간 · 결말이 있어야 하며, 이야기가 진행되는 동안 캐릭터는 기타에 표시된 모든 감정을 경험해야만 한다는 점에 유의한다.

# 감정 목걸이 만들기
# (Fruit Loops Feelings Necklace)

**치료 양식**: 개인/집단/가족

**대상**: 3세~성인

**치료 단계**: 중기 작업/종결 단계

**치료 목표**

1. 감정을 파악한다.
2. 감정을 말로 표현한다.
3. 적절한 감정 표현을 연습한다.
4. 상황과 행동을 감정에 연결시킨다.

**준비물**

–Fruit Loops(조그만 튜브 모양의 시리얼)

–노끈

–LifeSavers(조그만 튜브 모양의 과일 맛 사탕)

–가위

**진행 방법**

이 기법은 나의 대학원생 제자 마리 포스(Marie Poss)가 만든 아이디어를 변형한 것이다. 대부분의 아동은 브랜드 'Fruit Loops'의 시리얼을 알고 좋아한다. 이 활동에서 Fruit Loops를 색상별로 구분하여 다른 감정을 표현하는 데 사용할 수 있다. 먼저, Fruit Loops를 색상별로 구분한다. 구분하는 동안 여러 가지 감정들과 어떻게 사람들이 동시에 다양한 감정을 가질 수 있는지에 대하여 이야기한다. 또한 한 가지 특정한 감정이 여러 가지 상황과 다양한 사람에게서 동시에 생겨날 수 있다는 점을 이야기한다. 아동에게 노끈과 LifeSaver를 준다. LifeSaver와 Fruit Loops로 목걸이를 만들 때 빠져나가지 않도록 노끈의 한쪽 끝에 LifeSaver를 묶도록 도와준다. 아동에게 감정과 일치되는 색상의 Fruit Loops 한 개를 선택하도록 한다. 동일한 색상의 Fruit Loops를 목걸이에 추가할 때마다 "나는 ~ 때 ~을(를) 느낀다."라는 문장처럼 감정에 대하여 말하게 한다. 최소 다섯 개 이상의 문장을 만들면서 그때마다 동일한 색상의 Fruit Loops를 목걸이에 더하도록 한다. 그리고 아동이 동일한 색상의 LifeSaver를 골라 목걸이에 더하면 한 차례의 문장 만들기가 끝난다. 문장 만들기의 끝을 알리는 LifeSaver를 목걸이에 더하고 나면 아동에게 모든 감정 문장을 살펴보고 가장 화나게 만드는 문장을 되풀이하도록 한다. Fruit Loops의 모든 색이 사용될 때까지 이 과정을 계속한다. 활동이 끝날 때쯤 아동은 목걸이의 Fruit Loops와 LifeSaver를 먹어도 된다.

**진행 과정 중 가능한 질문**

- 목걸이를 만드는 동안 어떤 감정에 관해 이야기하고 싶었니?
- 네가 만든 목걸이에서 가장 많이 사용한 색상은 무엇이니?
- 네가 만든 목걸이에서 가장 적게 사용한 색상은 무엇이니?
- 너의 목걸이 중에서 어떤 감정(감정 문장)에 대하여 다른 사람들(엄마, 아빠 및 선생님, 친구)과 이야기를 나누고 싶니?

**과제**

양육자와 Fruit Loops의 각 색상과 연결되는 감정에 대하여 이야기하도록 한다. 양육자에게 동일한 감정을 느껴 본 적이 있는지 물어보도록 한다(이는 아동으로 하여금 다른 사람의 감정을 알아보면서 자신의 감정을 일반화할 수 있는 기회를 부여한다. 물론 이 과제를 수행하기 전에 치료사는 양육자가 적절하고 훌륭한 방식으로 감정을 표현하는지를 확인해야 한다).

### 특별 고려사항

이 기법은 음식을 사용하기 때문에 섭식장애가 있는 아동에게는 적합하지 않을 수 있다.

### 적용 및 수정

이 기법은 개별 아동 및 집단, 가족에게 적용 가능하다. Fruit Loops는 각각의 색상을 가지고 있으며, 아동은 목걸이에 추가될 색상의 양을 결정한다. 치료사는 아동이 자신의 감정을 인식하고 대면하는 방식을 통해 풍부한 정보를 수집할 수 있다. 또한 이 활동을 통해 추가 치료가 필요한 부분을 파악할 수 있다.

이 기법은 슬픔의 과정을 반영하기 위해 수정될 수 있다. 이 경우 내담자가 슬픔의 과정을 통해 드러나는 여러 감정들에 직면하도록 격려한다. 예를 들어, 아동은 처음에는 충격을 받고 그 후 슬픔을 느끼고 마지막에는 분노를 느낄 수 있으며, 또는 그 반대의 순서일 수도 있다. 그리고 Fruit Loops를 감정을 느끼는 순서대로 목걸이에 추가한다.

또한 이 기법은 치료의 종결 단계에서 사용 가능하다. 이 경우 각 색상은 치료 과정 중 아동이 경험했던 감정을 나타낸다.

Fruit Loops로 만든 완성된 감정 목걸이의 예

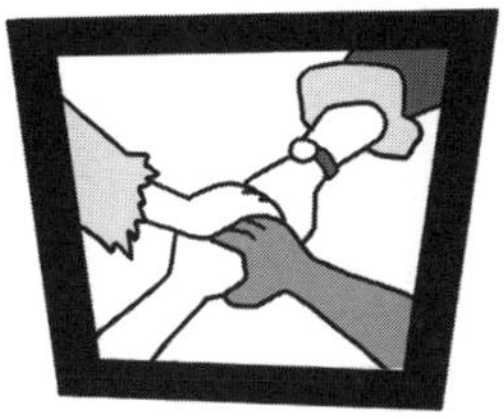

# 매니큐어 바르기 (Mood Manicure)

**치료 양식**: 개인/집단

**대상**: 5세~성인, 그러나 성인 여성에게 적용하는 것이 적절하다.

**치료 단계**: 중기 작업 단계

**치료 목표**

1. 다양한 감정을 파악하고 언어로 표현한다.
2. 내담자의 특정 감정의 정도를 스스로 지각할 수 있도록 한다.
3. 내담자가 상황 또는 행동과 감정과의 연결 관계를 명확히 구축하도록 돕는다.

**준비물**

–여러 가지 색상의 매니큐어(빨강색, 분홍색, 파랑색, 녹색, 검정색, 은색 등)

–가구 보호용 비닐

### 진행 방법

먼저, 각 매니큐어의 색상마다 어떤 감정인지 정하도록 한다. 집단 환경이라면 우선 구성원에게 한 상자의 매니큐어를 준다. 만약 자신이 들고 있는 색깔로 칠해 달라고 요청을 받는다면 다른 사람의 손톱에 매니큐어를 발라 주어야 한다. 이때 집단 구성원들은 반드시 자신의 모든 손톱에 매니큐어를 칠해야 하지만 몇 개의 색상을 사용할지는 스스로 결정하도록 한다. 그런 다음 다른 사람의 손톱을 칠하는 것을 돕는다. 활동이 끝나면 집단 구성원들은 차례로 자신의 손톱에 관해 집단과 이야기하고, 어떠한 사건이나 상황을 손톱이 나타내는 감정과 연결시킨다. "처음 세 개의 손톱은 빨강색인데, 이것은 내가 화가 많이 났기 때문이야. 엄마가 내 말을 잘 들어주지 않을 때 화가 나. 사람들이 나를 보고 웃으면 화가 나. 수학 문제가 틀리면 화가 나."라고 말할 수 있다. 이때 손톱마다 특정한 사건이 연결되어 있는 상태여야 한다. 집단의 구성원들은 집단의 모든 구성원이 차례로 이야기를 마칠 때까지 주의 깊게 듣도록 한다.

대부분의 10대 소녀는 패션과 멋내기에 매우 관심이 많다. 이 관심사가 건전한 것인지에 대하여 논하는 것이 아니라 문화적으로 보통 이러한 경향을 보인다는 것이다. 이 활동은 소녀들에게는 마치 파자마 파티처럼 느껴질 뿐만 아니라 '모르는 상태에서' 감정을 공유하고 친밀함을 쌓게 한다. 이 기법의 또 다른 유용한 측면은 소녀들이 서로 신체적으로 보살피게 된다는 점이다. 매니큐어를 칠해 주기 위해 손과 같은 타인의 신체에 관심을 기울여야 하고, 매니큐어를 예쁘게 칠하기 위해 손을 잡는 접촉을 해야만 한다. 이렇게 집단의 구성원은 인식하지 못한 채로 서로 보살핌을 주고받는다. 동시에 소녀들은 선행하는 사건과 관련된 감정들을 말로 표현하는 데 바빠지게 된다.

### 진행 과정 중 가능한 질문

- 몇 가지 색상의 매니큐어를 칠했니? 이 색상은 어떤 느낌을 나타냈니?
- 다른 소녀가 이야기한 감정과 상황에 놀랐니?
- 다른 소녀가 털어놓은 감정과 상황이 과거 삶에서 겪은 일을 생각나게 했니?
- 신체적 접촉을 하고 손톱에 매니큐어를 칠해 주면서 다른 사람을 보살피는 행동에 대하여 어떤 감정을 느끼니?

–누군가에게 신체적 접촉인 손톱을 칠해 주는 것처럼 보살핌을 주는 것에 대하여 어떤 감정을 느꼈니?
–너 스스로를 소중하게 대할 수 있는 다른 빠르고 쉬운 방법이 있다면 무엇이니?

### 과제

만약 누군가 여러 가지 색의 매니큐어가 칠해진 손톱에 대하여 물어 보면 그 색상이 나타내는 감정 중 하나에 관해 이야기하도록 한다. 그리고 이번 주 동안 손에 로션 바르기, 거품 목욕, 입술을 보호하기 위한 립밤 바르기 등의 자신을 보살피는 방법을 찾아 다음 시간에 이야기하도록 한다.

### 특별 고려사항

학대나 무시를 당한 아동이라면 모든 종류의 신체적 접촉이나 활동 중 또래로부터 받게 되는 관심의 정도가 불편할 수 있다. 그럼에도 나는 이들에게 가장 편안하게 느껴지는 구성원을 찾아 매니큐어를 칠해 달라고 부탁하는 방법을 통해 활동에 참여하기를 권한다. 꼭 필요한 경우 내담자는 스스로 매니큐어를 칠할 수 있고, 집단 내에서 안전하게 느껴지는 접촉과 대화가 오고 가는 것을 그저 관찰할 수도 있다. 아동은 종종 보살핌을 받는 것보다 주는 것을 더욱 편안하게 여긴다. 이 문제를 충분히 고려한 후 집단 활동을 진행하도록 한다.

### 적용 및 수정

이 기법은 현재는 집단에 적용하고 있지만, 자신을 15세라 여기는 8세 여아의 개인 치료를 위해 처음 고안되었다. 이 아동은 감정에 관해 이야기하는 것을 '유치하다'고 여겼으며, 내가 개입할 때 종종 딴청을 부리곤 했다. 나는 많은 고민 끝에 매니큐어를 사용하는 것이 10대처럼 보이고 싶어 하는 여자아이에게 적합한 자극제가 될 것이라고 생각했다. 내 선택은 대성공이었다. 우리는 서로의 손톱을 칠해 주었고 내담자는 다양한 감정에 관해 길게 이야기하기 시작했으며, 이를 통해 치료 관계 중 보살핌의 측면을 강화할 수 있었다. 그리고 내담자가 각 손톱마다 다른 감정을 표현하기를 원할 수 있기 때문에 적어도 열 가지의 다른 색상의 매니큐어를 준비하도록 한다.

이 기법은 슬픔에 빠져 있는 내담자에게도 적용될 수 있다. 엘리자베스 퀴블러-로스(Elizabeth Kübler-Ross)가 상세히 기술한 애도의 단계는 이 활동에 적용될 수 있다. 슬픔의 과정에서 첫 번째로 경험하는 감정을 나타내는 색상으로 손톱을 칠하도록 한다. 두 번째로 상실과 관련된 사건 및 상황, 시간대에 대하여 이야기한다. 내담자가 "첫 번째 두 개의 손톱은 은색으로 칠했는데, 어머니가 돌아가셨을 때 나는 그야말로 온몸이 얼어붙는 듯한 마비되는 기분을 느꼈기 때문이에요. 다음 두 개의 손톱을 빨간색으로 칠한 이유는 엄마가 음주운전을 했을 때 엄마에게 너무나 화가 났기 때문이에요."라고 말하는 것이 마지막 단계이다.

많은 색의 매니큐어는 내담자가 다양한 감정을 탐색하고 말로 표현할 수 있도록 해 준다.

# 모두 뒤엉켜 있어요
## [All Tangled Up(a.k.a. The Worry Web)]

**치료 양식**: 개인/집단/가족

**대상**: 4세~성인

**치료 단계**: 중기 작업 단계

**치료 목표**

1. 근심 또는 불안을 파악하고 언어로 표현한다.
2. 근심 또는 공포를 명확하게 다루기 위해 외향화하도록 한다.
3. 근심과 불안을 제어하기 위해 내담자에게 힘을 부여한다.
4. 내담자가 경험하는 근심의 개수 및 강도, 빈도를 줄여 나간다.

**준비물**

–실타래

–가위

–종이

–마커펜(유성펜)

–곤충 손가락 인형

### 진행 방법

이 기법은 '근심으로 가득 차 있던' 4세 아동을 위해 고안되었다. 무엇이 그렇게 걱정되냐고 묻자, 아동은 "모두 뒤엉켜 있어요."라고 대답했다. 그래서 나는 실타래를 가져와 치료를 위한 비유로 사용하였다. 먼저, "모든 사람은 근심을 가지고 있어. 그런데 때로 너무 많은 근심으로 가득 차 내면에서 뒤엉킨 경우가 많단다. 그래서 근심들을 구별하는 것은 너무 어렵지. 우리는 그 이유도 모른 채 걱정하고 근심한단다. 오늘 우리는 이 뒤엉킨 근심거리들을 풀어 볼 거야. 한 번에 한 가닥의 실을 풀어 보자. 그리고 이름을 붙여 보자."라고 말한다. 치료사는 큰 걱정거리와 작은 걱정거리 각각 하나씩을 예로 제시한다. 치료사는 "나는 우유가 떨어지면 조금 걱정하게 돼. 하지만 가게에 가서 우유를 살 수 있다는 것을 알아." 그리고 실타래에서 실을 뽑는다. 이 근심을 표현하기 위해 약 90cm에 달하는 필요 이상으로 긴 실을 일부러 뽑아내도록 한다. 그리고 "나는 이 근심에 관해 이만큼 걱정하고 있어."라고 말하며 그 실을 들어 올린다. 그리고 다시 "사실 난 우유에 관해 그다지 걱정하지 않았어. 그래서 나는 이만큼의 길이로 만들 거야."라고 말한 후 약 30cm가량 실을 잘라 낸다.

이제 아동이 대여섯 개의 걱정거리를 실로 뽑아내도록 도와준다. 어떤 가닥은 짧고 어떤 가닥은 몇 마일처럼 길게 보이는 것도 있을 것이다. 아동으로 하여금 (걱정의 강도를 반영해) 실을 적당한 길이로 잘라 낸 다음, 작은 종이에 마커펜(유성펜)으로 걱정거리를 적어 테이프로 실에 붙이도록 한다(이는 근심들을 구별하는 데 유용하다). 이제 내담자에게 걱정거리들이 매달린 실들이 마치 거미줄처럼 보일 때까지 온 방에 묶도록 한다. 실의 한쪽 끝을 문의 손잡이에 묶고, 다른 한쪽은 책장 꼭대기에 묶는다. 내담자에게 묶을 곳을 선택하게 한다. 하지만 거미줄처럼 보이게 만들기 위해 실들을 십자가 모양으로 묶도록 해야 한다. 내가 4세 내담아동과 이 기법을 진행했을 때 부모님도 거미줄을 볼 수 있도록 초대했다. 3차원으로 표현된 딸의 걱정거리들을 보는 것은 부모님이 딸의 걱정의 강도를 이해하는 데 많은 도움이 되었다. 부모님이 초대되어 거미줄을 볼 때 아동은 큰 목소리로 걱정거리를 말로써 표현할 수도 있다. 그리고 다 같이 걱정을 줄일 수 있는 방법에 관해 이야기하며, 아동은 이를 통해 걱정의 거미줄 속에 더 이상 갇혀 있지 않고 벗어날 수 있게 된다. 그 후 불안에 대처하는 전략을 논의하도록 한다. 아동이 하나의 전략을 이야기할 때마다 거미줄 한 가닥을 가위로 자르도록 하며, 이는 거미줄이 없어질 때까지 한다.

### 진행 과정 중 가능한 질문

-마음속에 많은 걱정이 있다는 것을 알았니?

-이런 걱정 때문에 어떤 감정을 느끼고 어떤 행동을 했니?

-그 걱정에 대하여 지금 할 수 있는 일은 무엇이니?

-걱정들을 잘라 낼 때 어떤 느낌이 들었니?

### 과제

다음 주 동안에 과거의 걱정이 다시 떠오른다면 이 놀이치료실에서 했던 '근심 자르기'를 떠올리도록 한다. 그리고 근심거리에서 벗어나 다른 곳에 관심을 쏟거나 편안함을 되찾기 위해 함께 의논했던 대처 전략 중의 하나를 사용하도록 한다.

### 특별 고려사항

이 기법을 한 회기에서 모두 진행하는 것은 어린 아동에게는 무리일 수 있다. 그렇기 때문에 몇 회기에 걸쳐 나누어 진행하도록 한다. 첫째 주에는 실을 길이별로 자른 후 걱정의 이름을 붙이고, 다음 주에는 이들을 연결해 거미줄처럼 만들고, 그 다음 주에는 근심들을 잘라 내는 것이다. 어떤 아동은 양육자가 너무나 정확하게 묘사된 자신의 걱정을 보게 되는 것을 원하지 않을 수도 있다. 물론 내담자의 요구를 존중하지만 근원적인 문제를 드러내기 위해 노력해야 한다.

아동이 너무나 많은 걱정을 가지고 있어 부끄러워하는지, 부모가 아동이 걱정하는 것을 별거 아닌 일로 치부해 버린 적이 있는지 등의 탐색을 통해 내담자가 양육자와 궁극적으로 근심을 공유하도록 도와주도록 한다.

### 적용 및 수정

이 기법은 집단 활동에 쉽게 적용될 수 있다. 먼저, 집단의 구성원으로 하여금 자신이 고민하는 근심거리들을 꺼내 놓도록 한다. 그런 다음 그 걱정의 강도만큼 실을 자르도록 한다. 집단의 각 구성원으로 하여금 큰 거미 손 인형을 사용하여 차례로 거미가 되어 방 전체에 자신의 걱정의 실을 묶도록 한다. 그리고 자신의 근심을 나머지 구성원에게 말로 표현하도록 한다. 모두 근심의 실을 묶고 거미줄이 완성되면 작은 거미, 무당벌레, 나비, 호박벌 등의 곤충 손가락 인형을 나누어 준다. 그리고 각자가 받은 곤충 인형이 걱정의 거미줄에 갇혀 거미줄 한 가닥 위에 '내려앉은' 상태인 것처럼 가정한다. 곤충이 거미줄로부터 벗어날 수 있는 유일한 방법은 내려앉은 거미줄과 관련된 걱정에 맞설 수 있는 전략을 도출하는 것이다. 이로 인해 구성원들은 모두가 문제해결 활동에 참여하면서 탈출하는 방법에 관한 외부의 조언을 들을 수 있는 기회를 가지게 된다.

거미줄은 보통 방 전체에 만들어지는 것이 일반적이다. 이 사진은 '모두 뒤엉켜 있어요' 활동에서 사용된 준비물과 실제 내담자의 걱정들을 보여 준다.

# 거미 다리에 '무서워하지 마' 고리 던지기
## (The "You Don't Scare Me" Spider Toss)

**치료 양식**: 개인/집단/가족

**대상**: 3세~성인

**치료 단계**: 중기 작업 단계

**치료 목표**

1. 불안 또는 공포의 감정을 언어로 표현하게 한다.
2. 불안 또는 공포를 명확하게 파악한다.
3. 진정 훈련을 통해 불안 감소 방법을 실행한다.
4. 내담자의 불안과 공포 제어력을 향상시킨다.

**준비물**

-부풀리게 되어 있는 거미 모양 풍선

-던질 수 있는 고리들

### 진행 방법

이 기법은 아동으로 하여금 불안과 공포를 조절하기 위한 긍정적인 방법을 수행하도록 하면서 그것들을 말로 표현하기 위한 동기를 부여해 주는 재미있는 활동이다. 먼저, 우리가 무서워하는 것들에 관해 이야기한다. 그런 다음 내담자에게 "많은 사람이 거미를 무서워해. 그런데 공포로 인해 무서움을 느끼도록 놔둘 거야. 이 게임의 목표는 고리를 사용해 거미의 다리에 걸리도록 하는 거란다. 우리는 차례로 고리를 던질 거고, 던질 때마다 너를 무섭게 하거나 걱정하게 만드는 것에 대한 감정을 문장으로 표현해야 해. '나는 ~때 무서워요.'라든지 '나는 ~때 두려워요.' '나는 ~이 걱정돼요.'라고 말할 수 있어."라고 설명한다. 거미 다리에 고리가 걸릴 때까지 차례로 고리를 던지고 성공하면 보상 스티커를 받는다. 그러고 나서 공포에 대하여 다시 생각해 보고, 불안과 공포를 줄여 주는 말과 기법을 연습하도록 한다. 예를 들어, 내담자의 공포가 "엄마와 아빠가 직장에서 죽을까 봐 겁이 나."와 같은 것이라면 내담자는 "엄마와 아빠는 안전하고 오늘 저녁에 보게 될 거야."라는 혼잣말을 연습할 수 있다.

만약 내담아동이 어둠을 무서워하면, "넌 나를 해칠 수 없어. 나는 안전하고 엄마, 아빠가 바로 옆방에 있어."라고 매일 밤 어둠에게 이야기하는 것을 연습하도록 할 수 있다. 집단의 모든 구성원은 이전에 묘사했던 자신의 불안이나 공포에 맞서도록 돕는 생각을 연습한 후 다음 고리를 던진다. 다음 단계를 기법에 포함시킬 수도 있는데, 이 단계에서 아동은 지난 단계에서 배웠던 맞서도록 돕는 생각뿐만 아니라 특정한 진정 기술을 연습한다. 이 진정 기술은 심호흡하기처럼 간단할 수도 있고, 발음하기 어려운 말(tongue twister)로 스스로를 산만하게 만드는 것처럼 복잡할 수도 있다. 각 구성원은 자신의 차례가 오면 진정 기술을 연습한다. 집단의 다른 구성원들이 한 아동이 진정 기술을 충분히 실행했다고 동의하면, 이 아동은 다른 다리에 고리 던지기를 시도할 수 있게 된다. 활동의 말미에 보상 스티커를 실제 상품으로 교환할 수 있다.

### 진행 과정 중 가능한 질문

- 두려움을 느낄 때 네 몸에 어떤 일이 일어났니?
- 너의 가장 큰 두려움은 무엇이니?
- 두려움에 대항하기 위해서 너 자신에게 무슨 말을 할 수 있니?
- 공포를 떨치고 진정하기 위해 할 수 있는 다른 일은 어떤 것들이 있겠니?

–두려움에 대항하는 것에 너에게 도움이 되는 시간이 하루 중 언제인지 또는 어떤 장소가 편한지 설명해 주겠니?

### 과제

하루에 세 번 두려움에 맞서도록 돕는 생각 말하기를 연습하도록 한다. 그리고 매일 한 차례 공포에 대항할 수 있도록 돕는 진정 기술을 연습한다. 이 훈련이 공포에 어떤 영향을 주었는지 다음 시간에 이야기하도록 한다.

### 특별 고려사항

이 기법은 아동이 '공포'를 일반적으로 느끼는 감정으로 보편화하기 때문에 집단 환경에 적합하지만, 어떤 내담자는 공포의 정도가 심해서 남들 앞에서 말로 표현하지 못하는 경우가 있다. 이 내담자의 경우에는 개별 회기에 혼자서 게임을 하거나 집단의 다른 구성원이 하는 것을 그저 관찰하는 것도 가능하다. 또한 아동은 누군가 두려움을 표출하면 비웃는 경향이 있다. 그렇기 때문에 치료사는 이러한 종류의 우발적 사건에도 미리 준비해야 한다. 만약 다른 구성원이 두려움에 대하여 말할 때 누군가 비웃는다면 비웃은 구성원은 고리 던지기를 할 수 없도록 한다. 아동은 다들 이 게임을 너무 좋아하기 때문에 이 게임은 비웃음과 같은 또래 집단의 부정적인 압력을 방지하는 역할을 한다.

### 적용 및 수정

이 기법은 성적 학대를 받은 구성원들로 이루어진 집단에도 적용 가능하다. 이 경우 거미는 그들에게 일어났던 '끔찍하고 소름끼치는' 일에 비유될 수 있다. 첫 번째 단계에서 구성원들은 자신에게 일어났던 끔찍하고 소름끼치는 일들에 관해 이야기한다. 두 번째 단계에서는 비난받아 마땅한 가해자에게 비난의 표현을 정확하게 말로써 표현할 수 있도록 한다. 세 번째 단계에서는 학대의 기억이 자신을 덮칠 때 도움이 되어 줄 자기 진정의 말 또는 전략을 연습하도록 한다.

이 기법은 가족이 많은 공포 또는 불안을 초래할 상황에 처해 있는 경우라면 가족에게도 적용 가능하다. 이러한 상황의 예로는 이사 및 가족 내의 만성질환자를 보살피는 경우, 자연재해에서 생존한 경우, 교통사고 등이 있다.

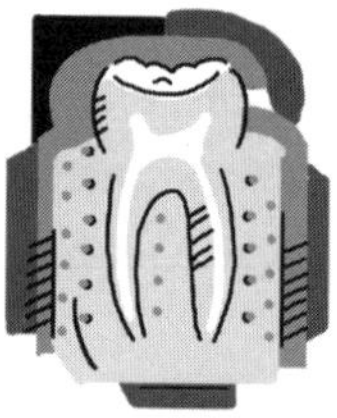

# 감정으로 빠진 이 채우기
# (Filling for Feelings)

● **치료 양식**: 개인/집단/가족

● **대상**: 5세~성인

● **치료 단계**: 중기 작업 단계

● **치료 목표**

1. 내담자가 고통스러운 감정을 부인하는 것을 줄이도록 한다.
2. 비밀과 허약한 정신건강의 원인을 비유적으로 연관시키도록 한다.
3. 힘든 감정을 파악하고 말로 표현하도록 한다 .
4. 이전의 생각과 사건을 감정과 연결시키도록 한다.

● **준비물**

–분홍색과 빨강색을 포함한 여러 색상의 찰흙

–모양을 만들거나 파내기 위한 도구

–치과에서 사용되는 치아 모형(필수가 아닌 선택)

–종이나 감정 단어 카드

**진행 방법**

먼저, 내담아동에게 치과에 가 본 적이 있는지 묻는다. 그렇다고 대답하면 뒤이어 이를 때운 적이 있는지 다시 묻는다. '우리의 이를 아프게 하는 것'은 오랫동안 보이지 않고, 닦지 않고, 관리하지 않은 채 방치되었기 때문에 때우는 치료가 필요하다고 설명한다. 방치되면 곪기 시작하고 결국 '충치'가 된다. 그러므로 우리의 치아를 건강하게 유지하는 유일한 방법은 충치를 파내고 빈 구멍을 다시 채워 넣는 방법밖에 없다는 것을 설명한다. 우리의 감정도 이와 비슷한 과정을 거쳐야 한다고 설명한다.

내담아동에게 "만약 사람이나 어떤 것으로부터 상처를 받았지만 보려 하지 않는다면 곪아 터지고 결국은 충치처럼 되겠지. 충치가 생기면 아픈 것처럼 우리의 마음도 아프기 시작한단다. 그런데 우리는 이유를 모르게 되지. 회복하기 위한 방법은 아픈 상처를 드러내고 그에 대하여 이야기를 하는 거야. 이야기를 할수록 아픈 상처에 대한 인지와 건강한 감정이 증가하게 된단다. 그리고 이것들로 빈 구멍을 채울 수 있게 돼. 건강해지면 의사에게 치료를 받으러 갈 일이 결국 줄어들게 된단다."라고 말해 준다.

먼저, 빨간색 찰흙으로 두 개의 잇몸을 만든다. 그리고 하얀색 또는 회색 찰흙으로 치아 크기의 공과 사각형을 만든다. 그런 후 치아 모형을 잇몸에 붙인다. 이때 내담자에게 어떤 식으로든지 상처가 된 사건이 있으면 이야기하라고 권유한다. 내담자가 그 사건에 이름을 붙이고, 몇 개의 치아를 파내도록 한다. 그런 다음 내담자는 이 사건과 관련된 감정을 묘사하고 빈 구멍을 다른 색의 찰흙으로 채운다(이때 내담자는 빈 구멍을 채우는 용도로 건전한 감정을 나타내는 다른 색의 찰흙을 이미 가지고 있어야 한다). 완성된 모습은 찰흙으로 만들어진 치아 모형일 것이다. 각각의 치아는 다양한 색상으로 채워져 있을 것이다. 내담자는 완성한 작품을 집에 가지고 가서 보관할 수 있다. 아동은 찰흙 놀이를 좋아하며, 이 활동에 포함된 촉각과 관련된 요소들은 아동이 고통에 대하여 더욱 자유롭게 이야기할 수 있도록 도와준다. 아동의 관심이 운동 감각을 통해 다른 곳으로 전이가 되며, 이로 인해 아동은 더욱 편안하게 이야기할 수 있게 된다.

### 진행 과정 중 가능한 질문

–가장 최악의 충치(내담자가 이야기하거나 직면하려고 하지 않은 사건)는 무엇이니?
–과거의 사건을 바라보기 시작했을 때 그 사건에 대하여 어떤 감정을 느꼈니?
–빈 공간 채우기를 통해 얼마나 많은 감정이 표현되었니? 그 감정들을 이야기 해 줄래?
–이 활동을 너의 삶에서 일어날 수 있는 상처에 어떻게 적용할 수 있겠니?

### 과제

아주 조그만 일이라도 내담자의 감정을 다치게 하는 일이 다음 번에 생기면 안전하게 느껴지는 사람을 찾아 이야기하도록 권유한다. 사건 발생 당시에 이야기할 사람이 주변에 없다면 그 사건에 대하여 적어서 사건이 발생한 당일에 안전하게 느껴지는 사람에게 이야기하도록 한다.

### 특별 고려사항

치과의사와 안 좋은 기억이 있는 아동이라면 이 활동은 잠시 미루어야 한다. 감정 공유를 고통과 연관 짓는다면 이 활동은 결국 실패로 끝나기 때문이다. 하지만 대부분의 아동은 힘을 가진 사람인 치과의사가 되어 다른 사람의 치아에 구멍을 뚫는 놀이를 좋아한다.

### 적용 및 수정

보이지 않는 손상을 입은 후 안전하고 새로운 것으로 빈 공간 채우기라는 이 충치 제거를 이용한 비유는 다양한 사례에 적용될 수 있다. 이 기법은 양육자의 상실로 인해 슬픔에 빠져 있는 아동에게도 사용될 수 있다. 이 경우 충치는 남과 이야기하지 못했던 분노와 슬픔, 공포를 나타낼 수 있으며, 이러한 감정들로 인해 아동은 슬픔의 과정 중 한 단계에 갇혀 있었을 것이다. 치료사는 내담자가 이 감정들을 파내어 탐색하는 것을 도와준다. 빈 공간은 이제 돌아가신 아빠에 대한 좋은 추억으로 채워질 것이다.

또한 이 기법은 반항성장애 및 분노조절장애, 조울증을 겪고 있는 아동의 분노 폭발을 야기하는 사건을 들여다보고 이야기하도록 도울 수 있다. 이러한 내담자들은 분노 감소 전략을 통해 빈 공간을 채울 수 있다. 집단 환경에서는 다함께 한 개의 치아를 만들 수도 있고, 각 구성원이 분노조절, 자아 존중감, 슬픔과 상실 등의 공통의 주제에 의거하여 자신만의 치아를 만들어 볼 수도 있다.

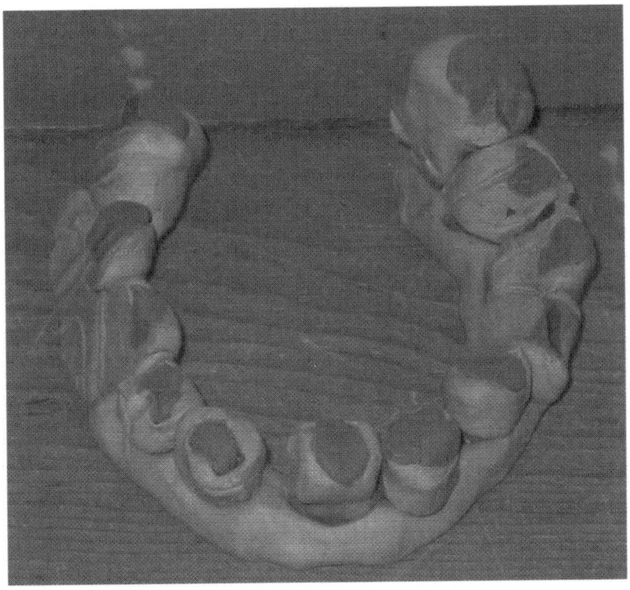

이 사진의 '감정으로 빠진 이 채우기'는 10세의 여아가 만든 것이다. 이 내담자의 감정을 표현하는 문장과 빠진 이 채우기는 한 가지 특정 감정에 집중되어 있다. 다양한 색상의 찰흙을 가지고 있다면 내담자가 다양한 감정에 대하여 이야기하도록 도울 수 있다.

# 움직이는 엽서 (Postcards in Motion)

**치료 양식**: 개인/집단/가족

**대상**: 6세~성인

**치료 단계**: 초기/중기 작업/종결 단계

**치료 목표**

1. 표현하는 치료 기법을 사용해 감정을 전달한다.
2. 내담자가 자신의 감각을 자신을 인지하는 경험에 연관시키도록 돕는다.
3. 감정 완화를 위한 안전한 장소를 만든다.

**준비물**

– 엽서로 보일 수 있도록 만들 수 있는 공작용 종이 반 장
– 마커펜(유성펜)
– 크레용
– 색연필
– 물감

### 진행 방법

–1단계

내담자에게 상상요법을 사용하여 다음의 지시사항을 읽어 주도록 한다. "안전하다고 생각되는 장소를 기억하도록 해."라고 말하면서 시작한다. 다른 감정 단어들은 매주 대체될 수 있다. 그러나 자극제로 '안전한'이라는 단어를 사용해 내담자가 이 단계들을 학습하도록 돕는 것이 가장 좋다.

–2단계

내담자에게 마음속의 안전한 장소를 탐색하도록 권유한다. 안전한 장소와 관련된 색상 및 모양, 광경, 소리, 냄새에 집중하도록 도와줄 질문을 던진다.

–3단계

내담자를 천천히 시각화에서 벗어나게 유도하며, "안전한 장소에서 엽서를 써 봐."라고 권유한다. 엽서는 깨끗하고 투사적인 것을 제공할 수 있도록 미리 준비하는 것이 중요하다.

–4단계

내용을 완성하면 엽서를 뒤집어 앞면에 안전한 장소의 이미지를 그려 보도록 한다. 내담자가 규칙을 요구할 수는 있지만, 정해진 규칙은 없다.

–5단계

내담자에게 엽서를 한쪽으로 치워 두고 다시 장소를 시각화하도록 권유한다. 종이 한 장을 주고 1번에서 4번까지 적도록 한다. 이제 안전한 장소와 관련하여 건축학적 요소, 세부사항, 주 요소(내담자에게 가장 눈에 잘 띄는 것), 장소에서 느껴지는 감정과 기분이라는 네 가지 유형에 속한 네 개의 단어를 만들어 보도록 한다.

–6단계

내담자가 이를 완성하면 신체를 이용하여 네 가지의 제스처를 만들되 제스처는 각각 전 단계에서 작성했던 네 가지를 나타내야 한다고 설명한다. 몸동작을 보고 단어를 알아맞히는 제스처 게임에 비유해도 무방하다.

–7단계

이제 제스처를 연결하는 순서를 정하도록 한다. 그 순서에 따라 제스처를 연습하도록 한다. 집단 환경이라면 내담자들은 짝을 지어 서로 연습하도록 한다.

–8단계

마지막으로, 엽서의 내용을 크게 읽는 동안 제스처들을 순서대로 해 보도록 한다. 내담자가 '움직이는 엽서' 행동을 녹화하기를 원할 수 있는데, 이는 치료에 있어 유용하다.

### 진행 과정 중 가능한 질문

–안전한 장소를 시각화하는 것이 어려웠니?
–너의 안전한 장소는 어떤 모습이니?
–글쓰기, 그림 그리기 또는 제스처로 인해 안전한 장소에 대하여 다르게 이해하게 되었니?
–너의 삶에서 안전한 장소로 가는 게 유용한 때는 언제니?

### 과제

이번 주, 매일 밤 자기 전에 눈을 감고 안전한 장소를 떠올리도록 한다. 그리고 그곳에서 잠깐 동안 시간을 보내도록 한다.

### 특별 고려사항

어떤 내담자는 안전한 장소에 대한 기억을 가지고 있지 않을 것이다. 이 경우 안전하다고 느낄 수 있는 장소를 떠올리도록 격려한다. 더 어린 아동은 치료사에게 엽서를 받아쓰게 할 수 있다. 그러나 이 아동들도 그림 그리기와 제스처 부분은 스스로 해낼 수 있다. 어떤 내담자는 다른 사람 앞에서 제스처를 만들어 내기 위해 신체를 사용하는 것에 대하여 당황스러워할 수 있다. 표현을 위한 예술적 매개체 중 어떤 것이 내담자를 가장 불편하게 하는지 적고, 이 정보를 다음 번에 치료 계획을 설명할 때 사용하도록 한다.

### 적용 및 수정

이 기법은 집단이나 개인에게 적용 가능하다. 내담자는 대여섯 개의 회기에 걸쳐 여러 장의 엽서를 만들 수 있다. 이것들은 안전한 장소, 무서운 장소, 화나게 하는 장소, 외로움의 장소 등을 포함할 수 있다. 이 활동은 다양한 감정을 파악하고 탐구하는 데 매우 유용하다.

이 기법은 집단 환경에서 사용될 때 다양한 방법으로 수정 가능하다. 모든 구성원은 상상 요법과 안정을 위한 요소에 참여할 수 있고, 자신만의 '움직이는 엽서'를 만들 수 있다. 그런 다음 참여자는 집단의 나머지 구성원을 위해 엽서의 동작을 실행할 수 있다.

이 기법은 평가 도구로 사용될 수 있고, 치료 중간에 다양한 지점에서 내담자의 치료 효과를 평가하기 위해 새 엽서를 만들 수도 있다. 이 활동을 수행할 때 얼마나 깊이 관여하기를 원하는지는 스스로 조절할 수 있기 때문에 트라우마의 피해자에게 힘을 부여할 수 있다. 더구나 이 기법은 여러 가지 다양한 매개체를 통해 심리학적 요소에 도달할 수 있으며, 트라우마의 희생자를 위한 탈감각 훈련으로도 사용될 수 있다.

또한 이 기법은 시간이 제한된 집단에서도 적용 가능하다. 분노 조절 집단은 6~8주 동안 주 개입 요소로 '움직이는 엽서'를 사용하도록 한다. 각 회기는 내담자가 분노를 느꼈던 장소에 기초하여 엽서를 만드는 과정을 포함하고 있다. 엽서를 처리하면서 생리학적 · 심리학적 분노 촉발제, 상황 간의 공통점, 불쑥 나타나는 비이성적인 신념 등에 대한 인식이 증가하게 된다. 엽서는 아동이 감정 단어를 구축하는 데 유용하다.

마지막으로, 이 개입은 가족에게도 유용하다. 가족은 회기에서 모든 가족 구성원이 참가했던 일이나 여행을 선택할 수 있다. 각자 그 장소에 관한 자신만의 '움직이는 엽서'를 만들고, 이를 가족과 공유한다. 이러한 가족 활동은 가족 구성원이 '좋았던 기억'에 집중할 수 있도록 도와준다.

내담자가 그린 엽서의 앞면

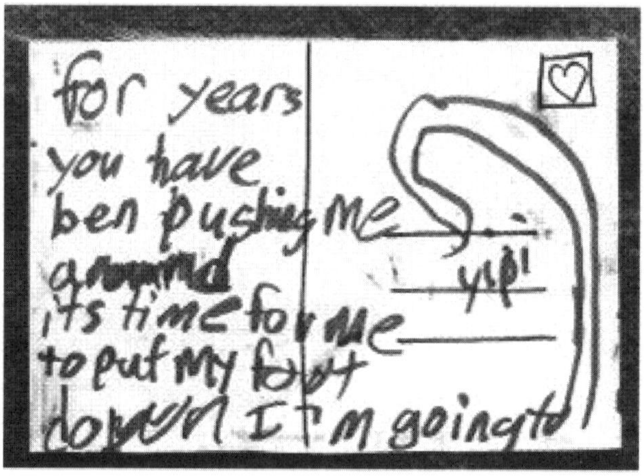


내담자가 엽서의 뒷면에 적은 글씨

# 무엇이 될까?
## (What Would You Be?)

**치료 양식**: 개인/집단

**대상**: 4세~성인

**치료 단계**: 중기 작업 단계

**치료 목표**

1. 이혼과 관계된 감정을 기억하고 표현하게 한다.
2. 내담자를 위해 이러한 감정들을 정상화시킨다.
3. 그런 것들을 위해 구체적인 대상을 부여하여 감정을 작업한다.
4. 내담자가 부모님에게 그러한 감정들을 직접 표현하도록 격려한다.

**준비물**

- 지니 프란츠 랜섬(Jeanie Franz Ransom)의 동화『나는 그것에 대하여 말할 수 없어요(I Don't Want to Talk about It)』
- 종이
- 마커펜(유성펜)
- 클레이점토
- 플레이도우

### 진행 방법

이 기법은『나는 그것에 대하여 말할 수 없어요』라는 동화에서 아이디어를 얻었다. 이 책은 부모의 이혼 후 어린 소녀가 갖게 되는 감정적 반응에 대한 책이다. 각 페이지의 내용은 소녀가 각각의 다른 감정들을 가진 동물이 되는 것이다. 소녀가 슬픈 감정을 느꼈을 때 한 마리의 물고기가 된다. 그래서 그녀의 부모는 어린 소녀의 눈물을 보지 않는다. 이 이야기의 또 다른 시점에서 소녀는 아무도 관심 가지기를 원하지 않기 때문에 고슴도치가 된다. 이 책은 아동에게 이혼에 대하여 의식하지 못하게 하면서도, 감정을 행동에 연결시키는 것을 수행하는 데 좋다. 부모가 이혼한 내담아동과 작업할 때, 나는 내담아동이 이 이야기를 읽도록 한다. 이 이야기가 끝날 때 내담아동에게 부모의 이혼 시점에서 어떤 동물이 되고 싶은지를 물어본다. 내담아동은 클레이점토 또는 플레이도우로 동물을 만들 수도 있고, 그림으로 동물을 그릴 수도 있다. 내담아동이 만들고 나면 그 동물을 선택해서 만든 이유를 말하도록 한다. 치료사는 그 동물의 특징을 묘사한다. 그리고 그 동물에 대한 이야기를 만들 수도 있다.

다음은 내가 만났던 두 개의 사례이다. 네 살 남자아이는 녹색 반짝이 풀을 사용하여 거대한 악어를 만들었는데, 이것은 그의 부모님에 대한 감정을 표현한 것이었다. 또 다른 열 살 남자아이는 종이에 아무것도 그리지 않았다. 내가 그것에 대하여 물었을 때 "부모님은 동물이 아니에요. 한 사람일 뿐이에요. 그래서 아무도 그를 괴롭히지 못할 거예요."라고 대답했다.

### 진행 과정 중 가능한 질문

- 그 이야기에서 어떤 동물이 가장 좋았니? 그 이유는 무엇이니?
- 부모님이 이혼을 했을 때 무슨 동물을 선택했니? 그 이유는 무엇이니?
- 이 동물들과 감정에 대하여 이야기해 보겠니?
- 동물인 척한다면 부모님에게 무슨 말을 하고 싶니?
- 지금으로부터 1년 후 무슨 동물이 되고 싶니?

### 과제

동물들이 부모님에게 하고 싶은 이야기가 무엇인지 기억하도록 한다. 머릿속으로 부모님에게 무슨 말을 하고 싶은지 그리고 그들의 반응은 어떨지 상상하도록 한다. 또한 상상 속에서 그 동물의 사진을 하루에 몇 번씩 그리도록 한다. 그 다음 스스로 보살펴 주고, 쓰다듬어 주고, 먹여 주고, 함께 놀아 주는 상상을 하도록 한다(동물의 말을 부모님에게 하는 것과 같은 훈련은 결국 이런 것들을 부모님에게 말할 수 있는 준비과정이 된다. 둘째 활동은 자기 양육을 격려하는 것이다).

### 특별 고려사항

불행하게도 부모들의 삶의 양식은 각자 다르므로 이혼을 한 대부분의 부모는 이혼으로 인한 자신의 고통을 다루고 아이들을 보살펴 주는 데 많은 지원을 필요로 한다. 그러므로 치료사가 동물들의 말을 가지고 그것을 부모에게 이야기할 수 있다면 아동을 위한 치유가 될 수 있다. 그러나 이것들은 회기에서 끝내는 것이 좋고(아동이 당신을 지지자로 가질 수 있게), 부모는 일찍 와서 이러한 자녀에게 어떻게 대응해야 하는지 얘기를 듣는다. 만약 부모가 치료적으로 아동을 대하지 않는다면 다른 방법으로써 동물과 마찬가지로 아동에게 다른 대안(인형 또는 물체)을 찾게 한 후, 아동이 동물을 가지고 부모님을 나타내는 다른 대안(인형 또는 물체)에게 이야기를 하게 한다. 치료사는 부모의 목소리를 내거나 아동의 문제 사항과 관련된 치료적 메시지를 전달한다.

### 적용 및 수정

부모의 이혼과 관련된 어린 아동을 위한 집단에서 작업할 경우, 이 기법은 특별히 더 좋은 조합이 될 수 있다. 참여자들은 각자 자신들의 동물과 이야기 그리고 부모님에게 묻고 싶거나 하고 싶었던 말을 만든다. 모든 다른 집단 구성원들은 그녀의 동물과 말(진술)을 듣는다. 다른 사람들도 똑같은 생각과 느낌, 의문을 가지고 있다는 것을 자각하는 과정을 통해 내담자들은 치유될 수 있다(심지어 이 중 일부는 분노와 두려움까지 치유된다).

이 기법은 이혼 적응 문제를 가진 내담자의 종결 단계에도 사용될 수 있다. 내담자들은 자신이 원하던 다른 동물들의 그림과 조각을 통해 이혼 적응에 있어 다른 관점을 가질 수 있다. 이 동물 이야기는 책으로 만들거나 클레이점토로 동물을 만들어서 집으로 가져갈 수 있다.

이 사진의 악어는 부모가 이혼하는 동안 모든 것을 파괴하는 악어가 되고 싶어 했던 4세 남자아이가 그린 것이다. 이 아동은 근본적으로 분노 문제를 파괴로 나타냈다.

제3장

# 자아 존중감

## (Self-Esteem)

# 새의 노랫소리
## (Bird Calls)

**치료 양식:** 개인/집단/가족

**대상:** 3세~성인

**치료 단계:** 중기 작업 단계

**치료 목표**

1. 자의식을 높인다.
2. 내담자의 독특한 감각을 강조하여 자아 존중감을 높인다.
3. 긍정적인 혼잣말이나 삶의 메시지를 만든다.
4. 내담자가 자신의 '목소리'를 정의하도록 격려함으로써 힘을 부여한다.

**준비물**

–새 소리가 나는 다양한 종류의 봉제된 새 인형

### 진행 방법

처음 나는 노스캐롤라이나의 새 상점에서 이 멋진 새들을 우연히 보게 되었다. 각자 독특한 색을 지닌 이 새들을 집어 들고 그 새가 내는 특별한 노랫소리를 들으면서 이 새들이 내담자 각자가 지닌 독특한 목소리에 대하여 멋진 비유가 되어 줄 것을 확신했다. 많은 내담자는 학대나 삶의 환경으로 인해 자신의 목소리를 잃어버린다. 일부는 목소리를 잃어버렸다는 사실조차 알지 못했다. 그렇다면 치료사가 해야 할 일은 내담자가 자신의 목소리를 찾도록 도와주는 것이다. 나의 상담실 창틀에는 작은 새 여덟 마리가 앉아 있다. 상담실에 오는 아동이 새들에게 관심을 가지면 창틀에서 새를 꺼내 보라고 권유한다. 노래 박스를 눌러 새들마다 각각 다른 소리를 내는 것을 들어 본다. 다시 한 번 들은 후, 새의 모습을 관찰하고 소리를 들어 보면서 어울리는 단어로 표현해 보도록 한다. 새들의 소리는 행복하게 들리기도 하고 슬프거나 분노하거나 외롭게 들리기도 한다. 아비새(loon)의 노랫소리는 특히 구슬프게 들렸고, 너무나 슬퍼 내담아동의 심금을 울리는 듯했다. 새는 "까아아, 까아아, 까아아" 하고 계속해서 노래를 했다. 아동은 새가 마치 "그만, 그만, 그만" 혹은 "제발, 제발, 제발" 하고 노래를 부른다고 생각하는 것 같았다. 아동이 각 새에게 부여하는 이 메시지를 통해 치료사는 아동의 인격 다른 한편에서 어떠한 일이 일어나고 있는지 알 수 있다. 만약 아동이 새의 노래를 듣고 "나는 내가 싫어."라든지 "조용히 해, 조용히 해!"라는 부정적인 메시지로 표현한다면 치료사는 어떤 새가 이 노래를 불렀는지 기록해야 한다. 그러나 모든 새가 자신만의 목소리를 가지게 될 때까지 아동에게 다시 지시를 내릴 필요는 없다. 이제 치료사는 "아직 알지 못할 테지만 너의 내면에는 너만의 노래가 있단다. 너 자신만의 목소리야. 이 세상의 누구도 너처럼 말할 수는 없어. 난 너만의 노래(또는 주문이나 구호, 인생 최고의 노래 등 아동이 이해할 수 있는 어떠한 표현도 가능함)를 생각해 냈으면 좋겠다. 그 노래는 '나는'으로 시작했으면 해."라고 말한다. 아동이 이 말을 이해하면 치료사는 아동이 새라면 되고 싶은 새의 모습을 그리도록 한다. 그런 다음 이 그림 위의 적당한 부분에 '인생 최고의 노래'를 적도록 한다. 치료사가 이번 또는 다음 회기에 시간이 있다면 부정적인 메시지를 만들어 낸 노래를 부른 새를 다시 찾아볼 수도 있다. 치료사는 "너는 내가 빨간 새("나는 내가 싫어."라고 노래했던 새)에 관해 생각하고 있다는 걸 알거야. 나는 그 새가 아주 아름답다고 생각하지만 그 새가 이 부정적인 메시지를 노래하며 얼마나 슬퍼할지 생각하면 나 또한 슬퍼져. 이 새가 긍정적인 메시지를 이야기하도록 다른 노래를 부를 수 있게 도와줄 수 있니?"라고 말할 수 있다.

### 진행 과정 중 가능한 질문

–새들을 구별할 때 어떤 특징이 도움이 되었니? 완전히 똑같아 보이는 두 마리의 새들이 있었니?
–어떤 새가 가장 좋아하는 노래를 들려주었니? 왜 이 노래를 가장 좋아하니?
–새들이 다른 노래를 부르면서 다른 감정을 느낀다는 것을 너도 알았니?
–너의 특별한 노래는 무엇이니?

### 과제

하루에 세 번 내담자만의 특별한 노래 부르기(말하기)를 연습하도록 한다. 그리고 이 특별한 노래가 감정에 어떻게 영향을 주는지 알아보도록 한다. 내담자가 진심으로 존경하는 부모님, 선생님, 배우, 가수, 친구 등을 골라서 그들의 인생 최고의 노래는 무엇인지 알아보도록 한다.

### 특별 고려사항

이 기법은 언어 영역에서 뛰어난 아동에게 유용하다. 그러나 나는 말하기를 거부하는 청소년에게 이 기법을 사용한다. 나는 청소년에게 새의 소리를 듣고 자신의 감정을 반영하는 새를 골라 보도록 한다. 내담자가 선택을 하지 않더라도 "내가 느끼는 것처럼 슬픈 소리를 내는 새는 없어요."라고 말하게 된다. 이렇게 말하는 것만으로도 남은 회기를 심도 있게 다룰 수 있도록 돕는 시작점이 된다.

### 적용 및 수정

이 기법은 집단에도 적용 가능하다. 첫째, 집단의 구성원들에게 각자 한 마리의 새를 주고, 한 명씩 노래 박스를 누르도록 한다. 모든 구성원은 그 소리를 듣게 된다. 그 다음에 각 구성원에게 자신이 고른 새의 노래 소리에 어울리는 감정을 단어로 표현하도록 한다. 그런 다음 자신이 생각한 소리를 집단 구성원들에게 이야기하도록 한다. 세 번째 단계로 구성원 각자의 '인생 최고의 노래'를 만들어 집단 구성원들과 공유하도록 한다. 집단 환경에서 치료사는 각각의 구성원에게 자신을 나타내는 새를 그리도록 요청할 수 있다. 새 모습을 잘라 낸 다음 작품을 천장에 매달아 둘 수 있다.

이 기법은 가족과 함께 하기에도 적합하다. 이때 중요한 점은 가족 구성원 각자의 목소리가 중요시되어야 한다는 점이다. 그리고 모두의 목소리가 없이는 가족이 한마음으로 같아질 수 없다는 메시지를 전달해야 한다. 즉, 각자의 목소리를 내지만 서로 조율하면서 가족의 역동을 긍정적으로 만들어 가야 하는 것이다.

위 사진에서는 사무실 창틀에 새들이 줄지어 앉아 있다. 내담자로 하여금 이 새들을 사용하도록 권유한다. 아래 사진은 이 활동에 사용된 새들을 가까이에서 찍은 것이다.

# '나는 ~를 잘해' 게임하기 (The 'Good At' Game)

**치료 양식**: 개인/집단/가족

**대상**: 3세~성인

**치료 단계**: 초기/중기 작업/종결 단계

**치료 목표**

1. 긍정적인 혼잣말을 연습한다.
2. 환경과 관련하여 능숙함과 제어력을 향상시킨다.
3. 전반적으로 자아 존중감을 향상시킨다.

**준비물**

–내담자 각자를 위한 놀이용 점토 통

–보물들(유리 돌, 동전, 색이 있는 장식물이나 액세서리)

### 진행 방법

내담자 각자를 위한 놀이용 점토 통을 연다. 먼저, 아동에게 점토 한 덩어리를 작게 떼어 옆으로 치워 놓도록 한다. 나머지 점토를 굴려 공 모양으로 만든다. 그런 다음 양쪽 엄지손가락으로 가운데를 눌러 오목하게 패이도록 해서 마치 컵이나 둥지처럼 보이도록 만든다. 옆으로 치워 두었던 남은 점토를 아동 앞에 놓아둔다. 아동에게 공 모양으로 만든 다음 다시 펴서 팬케이크 모양으로 만들도록 한다. 보물 상자에 있는 돌이나 동전 등을 이용하여 납작하게 만든 동그란 점토에 얼굴의 이목구비를 만들도록 한다. 얼굴이 완성되면 컵이나 둥지 모양으로 만든 점토 속을 보물로 채운다. 이렇게 만든 얼굴에 뚜껑을 사용하여 점토로 만든 컵의 상단 부분을 덮은 후 보석들을 숨긴다. 이 모양은 마치 어설프지만 점토로 만든 사람 같다. 내담자는 현재 간단하게 점토로 사람을 만든 셈이다. 치료사는 점토로 만든 사람은 외부에서 보면 그리 멋져 보이지 않는다고 말해 준다. 외부에서 보면 점토 사람에 대하여 말할 것이 별로 없기 때문에 아동은 점토 사람의 내부를 열어 보아야 한다. 그리고 아동은 점토 사람을 특별하게 만드는 것들에 관해 말해야 한다. “나는 ~를 잘해.”라고 이야기하면서 점토 사람의 몸에서 한 번에 한 가지의 보물을 빼내는 것을 내담자에게 보여 준다. 치료사는 “나는 웃는 걸 잘해.” “나는 옷을 잘 입어.” “나는 잘 들어줄 수 있어.”와 같은 예를 들어 준다. 내담자가 당연하게 생각했던 기술과 능력이 자신을 독특하고 특별한 존재로 만들어 준다는 사실을 인지하게 만드는 것이 중요하다. 마지막으로 아동에게 점토 사람의 몸에서 꺼낸 각 보물마다 “나는 ~를 잘해.”라고 말하도록 한다.

### 진행 과정 중 가능한 질문

- 점토로 만든 사람의 외면을 보고 뭐라고 말할 수 있니?
- 점토로 만든 사람의 내면에는 무엇이 있니? 그건 너의 내면에 있는 것들과 비교해 어떻게 생겼니?
- 잘하는 것을 생각해 내는 게 어려웠니?
- 자신에 대하여 훌륭한 점을 말해 보니 어떤 느낌이었니?

### 과제

세 명의 다른 안전한 성인들(치료사, 교사, 부모님, 목사 등)에게 내담자가 가진 좋은 점을 한 가지씩 말해 달라고 요청한다. 다음 회기에 치료사에게 이에 관해 알려주도록 한다. 아동이 질문해야 하는 사람의 숫자는 아동의 삶에 있어 아동에게 긍정적인 영향을 주는 사람의 숫자에 따라 달라질 수 있다.

### 특별 고려사항

이 게임은 모든 내담자가 즐거워하는 게임이다. 하지만 내담자는 자아 존중감이 낮아서 자신이 잘하는 일을 생각할 수 없을지도 모른다. 이 경우에 치료사는 내담자가 믿을 때까지 내담자에게 긍정적인 말을 들려주도록 한다. 또한 언어 발달 지체가 심각한 수준이거나 인지적 결함을 가진 내담자를 대상으로 할 때는 기법을 수정할 필요가 있다. 다음의 '적용 및 수정'을 참고하기 바란다.

### 적용 및 수정

이 기법이 집단 환경에서도 매우 유용한 이유는 자신이 잘하는 것에 대하여 많은 것을 생각해 낼 수 없는 아동이 다른 집단 구성원들에게 비춰지는 자신의 긍정적 성격을 바라볼 수 있기 때문이다. 이 기법을 통해 내담자는 다른 구성원이 '잘하는' 점을 스스로 인지하는 한편 다른 사람이 자신의 능력과 기술을 알아주고 인정해 주는 것이 중요하다는 것을 느끼게 된다. 언어 발달 지연으로 힘들어하는 아동이라면 치료사는 그림을 그리거나 잡지에서 오리기와 같은 다른 기술을 사용하도록 권유할 수 있다. 연령이 어린 내담자라면 자신의 능력과 어울리는 그림을 고른 후 점토 안에 이를 보관할 수 있다. 이 그림들은 "나는 ~를 잘해."라는 말을 해야 할 때 다시 꺼낼 수 있다.

이 기법은 거의 모든 사람과 환경에 적용 가능하다. 종종 워크숍에서 이 기법에 대하여 알려 줄 기회가 있다. 우리는 점토를 소품으로 사용하고 "나는 ~를 잘해."를 말해야 한다. 워크숍의 참가자들은 자신의 좋은 점을 말하는 것이 어색했다는 피드백을 보내온다. 그들은 마치 자랑하는 것 같았고 자신이 잘하는 것들을 많이 생각해 낼 수 없었다고 말한다. 성인에게도 자신의 긍정적인 면을 부각하는 것은 이렇게 어려운데, 하물며 아동에게는 얼마나 어려울까를 생각해 본다.

# '나는 할 수 있어' 모빌 만들기
## (The 'I Can' Mobile)

**치료 양식**: 개인/집단/가족

**대상**: 3세~성인

**치료 단계**: 중기 작업 단계

**치료 목표**

1. 자아 존중감을 높인다.
2. '나'라는 말을 사용하면서 자의식을 높인다.
3. 내담자가 자신의 능력을 인식하고 언어로 표현하도록 돕는다.
4. 내담자의 기술과 능력을 격려한다.
5. 내담자의 능력을 구체적으로 상기시킬 수 있는 매개체를 만들어 본다.

**준비물**

–비어 있고 깨끗한 알루미늄 캔

–흰 종이/마분지

–은박지/스팽글/깃털(공예용품들)

–마커펜(유성펜)/크레용

–끈

### 진행 방법

이 활동을 완료하기 위해서는 한 회기 이상이 걸릴 수도 있다. 먼저, 내담자가 가진 기술과 성공적인 결과를 만들어 냈던 행동을 목록으로 작성하도록 한다. 아동과 성인은 자신이 가진 능력의 진가를 알아보지 못하는 경우가 있다. 이 경우 치료사는 그들이 가진 능력을 알게 하도록 몇 가지의 행동을 예를 들어 설명해 준다. "너는 너의 몸을 잘 돌보지. 이를 닦고 신발을 신고 세수를 할 수 있지."라고 이야기한다. 다른 행동의 예는 아동이 타인을 대하는 방식이다. "너는 나에게 미소를 짓고, 나에게 포옹과 키스를 할 수 있고, 미안하다고 말할 수도 있지."라고 말해 준다. 또 다른 예로는 평범한 기술과 능력을 언급할 수도 있다. "너는 원을 그릴 수 있고, 10까지 셀 수 있고, 깡충깡충 뛸 수도 있어."라고 이야기해 준다. 아동이 10~15개의 목록을 만들어 내면 그중 다섯 개나 여섯 개의 능력을 선택하도록 한다. 예술 재료를 사용하여 내담자가 가진 능력을 표현하게 하는 것은 유용한 활동이다. 양치질을 하는 그림, 끈을 묶기 위해 잡지에서 테니스화 한 켤레를 오려 두는 것, 아동에게 특별한 의미가 있는 추상적인 상징들이 그 예이다. 아동은 이렇게 만들어 낸 자신의 능력을 캔 주위에 감고, 이 캔을 다양한 길이의 실을 사용해 옷걸이에 걸어 모빌처럼 만들도록 한다. 아동에게 캔에 그림이 나타내는 "나는 ~를 할 수 있어."라는 글을 쓰도록 한다. 아동이 너무 어려 글을 쓸 수 없다면 치료사가 대신할 수 있다. 모빌이 완성되면 아동은 치료사, 집단 또는 가족에게 캔을 보여 주고, "나는 ~를 할 수 있어."라고 말하면서 캔에 적힌 능력을 강조하도록 한다. "나는 빨리 달릴 수 있어." "나는 10까지 셀 수 있어." "나는 내 장난감들을 친구들과 함께 가지고 놀 수 있어." 등이 그 예이다.

### 진행 과정 중 가능한 질문

–내가 '할 수 있는' 많은 것을 생각해 내는 것이 어려웠니?
–무엇이 생각해 내는 걸 어렵게 만들었니?
–'나는 할 수 있어.'라는 말을 하면 어떤 느낌이 드니?
–모빌을 어디에 걸어 두면 좋겠니?
–모빌을 보면 너 자신에 관해 어떤 생각이 드니?
–다른 사람들이 모빌에 관해 묻는다면 뭐라고 말할 거니?

### 과제

다음 주 동안 매일 모빌 앞에 서서 '나는 할 수 있어.' 문장을 큰 목소리로 되풀이해 말하도록 한다.

### 특별 고려사항

이 활동은 모든 아동의 자아 존중감 향상에 유용하다. 아동의 발달 단계는 다양하기 때문에 치료사와의 관계도 다양해야 한다. 연령이 어린 아동은 목록을 만들고 캔에 그림을 그리거나 '나는 할 수 있어.' 문장을 캔 주변에 감기 위해 치료사의 도움을 필요로 할 것이다. 자아 존중감이 극도로 낮은 아동에게는 활동을 완수하기 위해 치료사가 발견한 아동의 능력을 되풀이해 말해 주어야 할 것이다. 이 기법은 청각, 시각 및 운동 감각 학습을 모두 포함하고 있기 때문에 아동은 이 모든 학습에 일정 수준 참여할 수 있는 능력을 보유한 상태여야 한다.

### 적용 및 수정

자아 존중감을 향상시키기 위한 이 활동은 다양한 문제와 진단이 내려진 아동에게 유용하다. 이 기법은 여러 회기에 걸쳐 진행될 수 있으며, 처음 절반의 회기는 분노 조절과 같은 특정 문제를 다루고 나머지 회기에서는 '나는 할 수 있어.' 문장을 만들어 모빌에 더하도록 한다.

이 기법은 특히 집단 상담에 적합할 수 있다. 한 내담자가 '나는 할 수 있어.' 문장을 만들기 어려워한다면 또래 구성원들이 도와줄 수 있다. 예를 들어, 샐리가 "너는 수학 문제를 정말 빨리 풀 수 있어." 혹은 "최근 체육시간에 네가 공을 얼마나 잘 쳤는지 떠올려 봐."라고 말해 줄 수 있다. 또한 집단 상담에서는 한 구성원이 말로써 자신이 잘하는 것을 이야기하는 동안 많은 다른 구성원이 그 말을 들을 수 있다. '나는 할 수 있어.' 문장을 만들어 내는 동안 치료사는 경쟁과 비교를 지양하고, 집단의 구성원들이 서로의 모빌을 인정하는 분위기를 조성하도록 도와주어야 한다.

이 기법은 가족 상담에서도 유용하다. 가족 구성원은 자신의 모빌을 만들거나 함께 가족 모빌을 만들 수 있다. 이것은 능력을 나타내는 가족만의 문장이 될 수 있다. '나는 할 수 있어.' 모빌은 내담자로 하여금 치료 과정에서 배운 기술들을 요약하거나 다시 떠올릴 때 도움을 주는 매개체로써 종결 단계에서도 만들 수 있다. 예를 들어, 내담자의 종결 모빌은 "나는 숨을 깊이 들이쉴 수 있어." "나는 나의 감정들에 관해 말할 수 있어." "나는 친구에게 놀자고 요청할 수 있어."와 같은 말을 포함할 수 있다.

이 모빌은 글을 모르는 어린 아동이 만든 것이며, 글을 쓸 수 없는 대신 자신이 할 수 있는 일을 그림으로 그렸다.

# '긍정적인 말' 확대하기
# (Magnifying the 'Feel Goods')

**치료 양식**: 개인/집단/가족

**대상**: 6세~성인

**치료 단계**: 중기 작업 단계

**치료 목표**

1. 자신과 타인으로 인한 긍정적인 말을 많이 하도록 연습한다.
2. 자신과 타인으로 인한 부정적인 말을 적게 하도록 연습한다.
3. 주변에서 듣는 말을 제어할 수 있도록 내담자에게 힘을 부여한다.
4. 자아 존중감을 높인다.

**준비물**

- 돋보기
- 종이
- 펜
- 휘핑크림 또는 면도크림

### 진행 방법

먼저, 내담자가 타인에게서 듣는 말과 스스로에게 하는 말에 대하여 이야기를 나눈다. 이 말들은 기분을 좋게도 만들고 나쁘게도 만든다. 치료사는 내담자에게 타인이 우리에게 불쾌하거나 비열한 말을 하는 것을 막을 수는 없지만 그 말을 듣고 난 후 어떻게 할지는 우리가 결정할 수 있다고 알려 준다. 휘핑크림이나 면도크림을 가지고 내담아동에게 타인이 아동에게 한 기분 나쁜 말이나 스스로에게 했던 불쾌한 말을 기억해 보도록 한다. 아동이 학교에 다니는 연령이라면 불행히도 최근에 들은 기분 나쁜 말을 곧 떠올릴 수 있다. "너 옷 입은 거 웃기다."라는 말을 생각해 냈다면 이를 휘핑크림으로 크게 써 보도록 한다. 치료사는 이 글씨가 얼마나 큰지, 그래서 얼마나 많은 공간을 차지하고 있는지 이야기해 준다. 그런 다음 '기분을 좋게 했던' 말을 생각해 보도록 한다. 아마도 부모님이 한 말이거나 선생님으로부터 들은 칭찬의 말일 것이다. 치료사는 이 말도 긍정적인 말 목록에 추가하도록 한다. 마지막으로, 아동은 스스로에게 한 긍정적인 말을 적을 것이다. 이 책에 실린 다른 자아존중감 훈련 중 일부는 치료 초기에 사용하였기 때문에 아동은 이미 많은 긍정적인 혼잣말을 가지고 있을 것이다.

아동에게 아주 작은 종이를 주고 읽기 힘들 정도의 작은 글씨로 '긍정적인 말'을 적어 보게 한다. 돋보기를 주고 부정적인 말을 무시하면서 '긍정적인 말을 강조'하고, 내담자가 들은 '긍정적인 말'을 확대하는 것이 어떤 느낌일지 이야기해 보도록 한다. 이제 돋보기를 사용해 읽기 힘들 정도로 작게 써진 '긍정적인 말'을 크게 소리 내어 읽도록 한다. 그 후 휘핑크림으로 썼던 '부정적인 감정'의 메시지를 다시 확인해 보도록 한다. 그것은 지금쯤 액체로 변했을 것이고 훨씬 더 작아졌을 것이다. 아마 다 사라져 있을 수도 있다. 아동에게 "'긍정적인 말'을 크게 만드는 동안 부정적인 말은 줄어들고 사라져 버렸네."라고 말해 준다.

### 진행 과정 중 가능한 질문

–'부정적인' 말은 왜 크게 느껴지니?
–'긍정적인' 말을 해 주는 사람은 누구니?
–'긍정적인' 말을 기억하고 확대하기 위해 무엇을 할 수 있니?
–'긍정적인' 말에 집중하면 '부정적인' 말은 어떻게 되겠니?

### 과제

이번 주에 친구, 선생님 혹은 부모님에게 들은 '긍정적인' 말을 적어도 한 가지 이상 기록하도록 한다. 들은 말을 아주 작게 써서 다음 주에 가져오도록 한다. 아동이 치료사에게 목록을 읽어 주기 위해서는 돋보기를 사용해야 할 것이다.

### 특별 고려사항

읽기 능력이 충분하지 않은 아동이라면 이 기법을 통해 충분히 치료되기는 어려울 수 있다. 이때 부모님과 양육자는 비유를 이해시키는 데 매우 도움이 되는 존재일 수 있다. 그러나 치료사는 양육자에게 도움을 요청하기 전에 양육자가 아동에게 '긍정적인' 말을 일관되게 사용하는지 알아보고 심리적으로 감정적으로 지지를 보여 줄 수 있는지 여부를 평가해야 한다.

### 적용 및 수정

이 기법은 가족에게 적용될 때 또한 유용하다. 긍정적인 말의 확대가 의미하는 것을 부모에게 설명하고, 한 주 동안 그들의 자녀에게 '긍정적인' 말을 하도록 의식적으로 노력하게 한다. 부모는 '긍정적인' 말을 아동에게 슬쩍 '흘리고' 아동은 다음 주에 이 목록을 가져와 돋보기를 사용해 읽을 수 있다. 가족은 집에서 '긍정적인 말 강조하기' 게시판을 만들 수 있다. 게시판에는 충분한 빈 공간, 여러 가지 색의 포스트잇, 펜, 줄에 걸어 둔 돋보기가 있어야 한다. 가족 구성원은 매일 '긍정적인' 혼잣말을 적을 가족을 지정한다. 모든 말은 게시판에 부착되어야 하고, 가족 구성원은 하루에 한 번씩 돋보기를 사용하여 아동 앞으로 보내진 긍정적인 혼잣말을 읽어 보아야 한다.

# 실수하는 뱀 가두기
## (Caging the Mistake Snake)

**치료 양식**: 개인/집단/가족

**대상**: 3세~성인

**치료 단계**: 중기 작업 단계

**치료 목표**

1. 부정적 자기 대화를 외현화한다.
2. 외현화된 메시지의 한계를 설정하여 부정적인 자기 대화를 제어하도록 한다.
3. 내담자가 부정적인 말에 대한 제어력을 경험하도록 한다.

**준비물**

- 뱀 모양 손가락 인형
- 뱀 모양 손 인형
- 작은 플라스틱 뱀
- 큰 고무 뱀
- 봉제 뱀
- 점토
- 실

### 진행 방법

어린 아동은 자기 대화(self-talk)의 개념을 이해하기 어렵다. '너의 머릿속에서 떠오르는 생각들을 말하는 것'은 추상적인 개념이다. 그러므로 치료사가 아동이 내면의 메시지를 외현화하도록 만들면 아동은 좀 더 쉽게 이 부정적인 메시지에 대항할 수 있게 된다. 즉, 아동 내부에서 나오는 부정적인 메시지를 외부에서 다른 사람이 내는 것처럼 아동을 이해시킬 수 있게 하는 것이다. 이 활동에서 뱀은 외재화된 메시지이고, 결과적으로 적이다. 먼저, 여러 가지 표현들 중 우리를 기분 나쁘게 하는 말을 생각해 본다. 내담아동에게 "우리는 머릿속에서 우리를 기분 나쁘게 하는 말을 듣지만 그것들은 밖에서 온 것이야."라고 말한다. 아동은 자신을 힘들게 만드는 두세 개의 메시지를 생각해 내도록 한다. 아동이 앞서 언급된 다양한 종류의 뱀들 중에 하나의 뱀을 선택한다.

치료사는 "나는 뱀인 척할 거야. 선생님이 너에게 원을 그리라고 했다고 하자. 그 뱀은 천천히 너의 귀로 가서는 쉿 소리를 내며 '그건 즐겁게 웃는 얼굴이 아니야. 샐리가 더 잘 그리네. 넌 그만두는 것이 더 낫겠어.'라고 말했어."라고 아동에게 말한다. 내담아동의 자아 존중감 단계에 따라 뱀의 말에 대하여 아동은 처음에는 "알았어요." 혹은 "맞아요."라고 답할 수도 있다. 아동이 어떻게 느끼는지 뱀을 어떻게 다루는지 주의해서 보도록 한다. 그리고 "넌 뱀이 다가오고 있다는 것을 알아. 하지만 너는 그 뱀을 조용하게 하기 위한 준비가 되어 있어. 이제 네가 허락할 때만 뱀은 너에게 말을 할 수가 있어."라고 설명을 덧붙인다.

아동이 뱀에 맞서는 방법을 생각해 낼 수 있도록 돕는다. 어떤 아동은 뱀에게 직접적으로 말을 걸 수도 있다. "뱀, 조용히 해. 너는 거짓말쟁이야. 나는 최선을 다했고 그걸로 충분해."라고 말할 수 있다. 물론 반응의 길이와 난이도는 아동의 연령에 따라 다양할 것이다. 내가 선호하는 방식은 아동이 뱀을 억제하고 뱀에 대하여 신체적인 힘의 우위를 점할 수 있는 방법을 찾도록 돕는 것이다. 이러한 이유로 다양한 선택권을 제시해 주는 것은 아주 중요하다. 예를 들어, 감옥, 상자, 블록 세트들이다. 아동은 모래 상자에 뱀을 깊게 묻을 수도, 다른 인형이 삼키도록 할 수 있다. 일단 뱀을 새장에 가두고 나면 이 활동을 통한 경험의 이미지는 아동이 부정적인 메시지로 인해 어려움을 겪을 때마다 사용될 수 있을 것이다.

### 진행 과정 중 가능한 질문

–'부정적인' 말 중에서 너를 가장 괴롭게 하는 건 무엇이니?
–언제 뱀이 너의 귓속에 와서 속삭이니?
–너의 반응에 책임이 있는 사람은 누구니?
–뱀을 쫓기 위해 뭐라고 말할 수 있니?
–뱀을 가두는 행동은 언제 유용하니?

### 과제

잠자리에 들기 전 매일 밤 뱀에게 가서 말하는 연습을 하도록 한다. 머릿속으로 해도 되고 큰 소리로 말을 해도 된다. 또한 놀이치료실에서 뱀을 가두었던 기억을 떠올려 볼 수도 있다.

### 특별 고려사항

이 기법은 정신질환을 가진 아동에게는 사용할 수 없다. 이 경우 현실 판단력이 매우 왜곡되어 있기 때문에 치료에서 사용했던 비유가 머릿속의 환청과 구분이 잘 되지 않을 수 있다. 그래서 이 기법이 사용될 때마다 현실인지 가상인지 차이를 구분하도록 아동을 도와주어야 한다.

### 적용 및 수정

이 기법은 집단 환경에서의 적용을 위해 쉽게 변형 가능하다. 구성원들은 가장 힘들게 느껴지는 부정적인 말의 전달자로 뱀을 선택한다. 한 명이 자신이 듣는 뱀의 목소리를 재연하면 다른 구성원들은 뱀에 대항할 수 있도록 돕는 반응과 그 목소리를 제거할 수 있는 힘을 부여하는 방법을 만들어 내도록 한다. 부정적인 말을 듣는 아동은 이제 자신을 지지하는 구성원 속에서 자신에게 주어진 많은 방법을 통해 부정적인 목소리를 제거할 수 있는 힘을 부여받았다고 느낄 것이다.

'실수하는 뱀'이 감옥에 갇혀 있다. 이 뱀은 더 이상 내담자의 귀에 부정적인 말을 속삭일 수 없게 된다.

# 자아 존중감 회복하기
## (Repairing Self-Esteem)

**치료 양식**: 개인/집단/가족

**대상**: 5세~성인

**치료 단계**: 중기 작업 단계

**치료 목표**

1. 내담자가 부정적 자기 대화를 인식하도록 한다.
2. 부정적 자기 대화가 자아 존중감에 미치는 부정적 영향을 인지할 수 있도록 한다.
3. 부정적 자기 대화를 대신할 말을 만들어 낸다.
4. 자아 존중감을 높인다.

**준비물**

- 진저브레드(사람 모양의 생강 쿠키)나 실제 사람 모양으로 오린 종이
- 미니어처(잘라져 있는) 스카치 테이프(일반적인 스카치 테이프로 대체될 수 있다)
- 여러 색의 펜

### 진행 방법

먼저, 누군가 아동에게 "넌 멍청해." "넌 뚱뚱해." 등의 말을 한다면 어떤 생각이 드는지 묻는다. 다른 사람들로부터 듣는 나 자신에 관한 부정적인 표현들을 되새기는 것은 너무나 쉽게 이루어지며, 이러한 부정적인 생각들이 너무나 빠르게 자신의 생각의 일부가 되어 버리는 점에 관해 이야기를 나눈다. 아동에게 오린 종이 인형을 주고 아동 자신이라고 여기도록 한다. 아동에게 부정적인 감정을 느끼게 하는 말을 생각해 보고 적어 보도록 한다. 일례로, "나는 제대로 하는 게 하나도 없어." "전 과목에서 A를 받지 않으면 실패한 거야." 등이다. 이러한 부정적인 표현들을 종이 인형의 몸 곳곳에 적도록 한다. 적은 후에 부정적인 표현들을 소리 내어 읽으면서 그 때마다 그 부분을 떼어 내도록 한다. 내담자에게 부정적 자기 대화가 '자신을 분리시키는' 과정이라는 것을 이해시키도록 한다. 그리고 자아 존중감이 다시 구축되는 과정에 대하여 이야기를 나누도록 한다. 이제 떼어 낸 신체의 부분을 뒤집어 빈 공간에 부정적 자기 대화를 대체할 수 있는 긍정적인 말을 적도록 한다. 예를 들어, "모두가 나를 싫어해."라는 부정적 자기 대화는 "나는 친구들이 여러 명 있어." 또는 "엄마, 아빠는 나를 아끼고 있어."라는 긍정적 표현으로 대체될 수 있다. 내담자가 믿을 수 있는 긍정적인 생각을 적도록 하는 것이 중요하다. 활동을 수행할 때 내담자는 치료사로부터 많은 도움을 필요로 할 수 있다. 부정적 대화가 머릿속에서 자꾸 떠오르면 긍정적인 대체 생각을 생각해 내기 어렵다. 그렇기 때문에 긍정적인 대체 생각이 떠오를 때마다 종이 인형의 떼어 낸 신체 뒷면에 적도록 한다. 긍정적인 말들을 모두 적고 난 후, 이제 이 말들이 적힌 종이 인형의 각 부분을 테이프로 붙이도록 한다. 이는 "나는 ~한 사람이야."라는 자아 존중감 재구축을 위한 비유의 역할을 한다.

### 진행 과정 중 가능한 질문

- 부정적인 감정을 느끼게 하는 말들은 무엇이니?
- 이러한 부정적인 말들이 떠오를 때 어떤 일이 일어나겠니?
- 누가 너의 생각을 제어하니?
- 제어하는 사람이 바뀔 수도 있니?
- '슬픈' 생각을 '행복한' 생각으로 바꾸면 어떤 기분이 드니?
- 너의 자아 존중감은 어떻게 만들어 나가니?

### 과제

활동에서 만들었던 긍정적인 말을 부착한 종이 인형을 한 개 더 만들어 집으로 가져가서 거울에 붙여 놓도록 한다. 하루 두 번, 아침에 일어날 때와 잠들기 전에 종이 인형에 써진 긍정적인 자기표현을 말하도록 한다. 아동을 잘 보살펴 주는 양육자가 집에 있는 경우, 아동이 하루 두 번 행해지는 이 과제를 수행하는 것을 옆에서 봐 주고 강화하는 역할을 할 수 있다.

### 특별 고려사항

이 기법은 읽기와 쓰기가 필요하기 때문에 어린 아동에게는 어려울 수 있다. 이 경우 치료사는 적극적으로 아동을 도와주어야 한다. 학대를 경험한 아동이라면 부정적인 자기 대화가 너무 깊게 자리 잡고 있어 긍정적인 대안을 생각해 낼 수 없을지도 모른다. 이 경우 치료사는 아동을 대신해 긍정적인 말을 만들고, 이 긍정적인 말을 되풀이해서 연습하도록 돕는다.

### 적용 및 수정

긍정적인 자기표현이 적힌 종이 인형을 여러 장 복사해서 사용할 수도 있다. 아동은 이 중 하나를 가져가 매일 긍정적인 자기 대화를 연습할 수 있다. 아동에게 종이 인형을 연결해 체인 모양으로 만들 거라고 알려 준다. 복사된 종이 인형을 핀으로 연결하고, 다음 주에는 다른 복사된 종이 인형을 테이프나 스테이플러를 사용해 연결한다. 이 체인이 내담자의 침실 문에서 다른 쪽까지 연결할 수 있을 정도로 충분히 길어지면 집에 가져간다. 매주 이 과정을 수행할 때 아동은 긍정적인 자기 대화의 말을 큰 소리로 말하고, 치료사는 이를 지켜봐 준다. 또는 아동이 긍정적 자기 대화의 말을 소리 내어 읽고 난 후 매주 종이 인형의 빈 얼굴에 감정을 나타내는 그림을 그리도록 할 수 있다. 이렇게 해서 치료사는 인형들을 평가 측정을 위한 일종의 도구로 사용할 수 있는데, 아동이 그린 얼굴은 그 순간 아동이 느끼는 감정을 반영하기 때문이다.

집단과 가족 상담에도 이 기법을 적용할 수 있다. 여러 명의 사람들이 활동에 참여하면 더 많은 생각이 떠오르게 되고, 각 구성원은 자신에 관한 긍정적인 표현을 더욱 많이 들을 수 있게 된다.

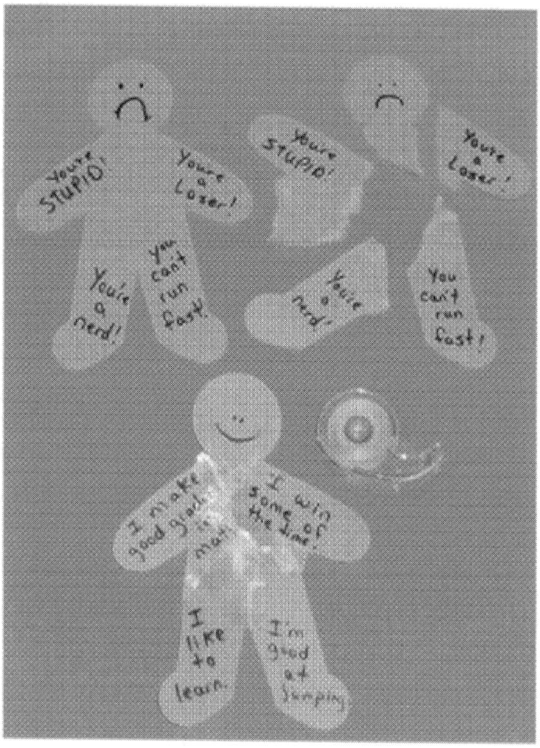


이 사진의 왼쪽 상단은 부정적인 자기 대화 표현의 예이다. 오른쪽 상단은 부정적인 자기 대화를 소리 내어 말한 후 떼어 낸 상태를 나타낸다. 아래쪽은 긍정적인 대체 생각을 적은 후 테이프로 붙인 종이 인형을 나타낸다.

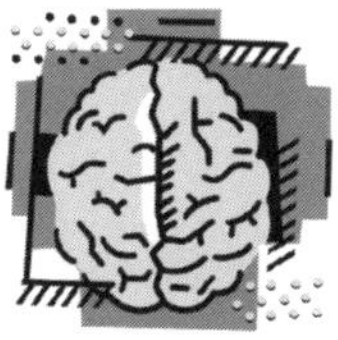

# 생각 굳히기
## (Congealed Cognitions)

**치료 양식**: 개인/집단/가족

**대상**: 7세~성인

**치료 단계**: 중기 작업 단계

**치료 목표**

1. 비합리적 신념과 자동적 사고를 찾아낸다.
2. 우리의 사고 과정에서 비합리적 신념과 자동적 사고가 깊게 배어 있다는 것을 구체적으로 이해한다.
3. 합리적인 믿음 표현과 긍정적 자기 대화의 말을 만들어 본다.
4. 생각 대체하기를 연습한다.

**준비물**

–빨간 젤로(Jell-O™)(글라스데코를 사용해도 됨)

–휘핑크림

–뇌 모양 틀

–종이/펜

–비닐 랩

**진행 방법**

이 기법은 여러 회기에 걸쳐서 진행되어야 하지만 치료 시간 내내 이 활동만 하지 않아도 되기 때문에 다른 활동을 생각해 보고, 아동이 중심이 되는 놀이 시간을 계획하도록 한다. 먼저, 도움이 되는 뇌와 도움이 되지 않는 뇌에 대하여 이야기한다. '도움이 되지 않는' 뇌의 예로 비합리적인 신념과 자동적 사고를 들어 설명한다. "나는 절대 좋은 점수를 받을 수 없어." "나는 항상 망치기만 해." "나는 내 숙제들을 100% 완벽하게 해내야만 해." 등이 그 예가 될 수 있다. 도움이 되지 않는 뇌의 예를 여러 부분으로 잘라 낸 종잇조각에 적도록 한다. '모두, 항상, 절대, 꼭 해야만 한다'와 같은 비합리적이거나 불가능한 표현들에 동그라미를 치도록 한다. 그리고 학교 공부, 사회적 관계, 자아상 등과 같이 비합리적인 신념 때문에 괴로운 것을 고르도록 한다.

머릿속에서 반복적으로 떠오르는 부정적인 자기 대화 표현을 네다섯 가지 정도 쓰게 한다. 이러한 생각들이 우리의 마음속에서 굳어지는 방법에 대하여 이야기를 나눈다. 이 종잇조각들을 비닐 랩이나 밀폐된 것에 넣어 젖지 않게 하고, 빨간 젤로나 휘핑크림을 뇌 모양 틀에 붓는다. 우리가 하는 생각들이 굳어지거나 변화하는 방법에 대하여 이야기를 나눈다. 뇌의 신경세포와 이들 간의 연결에 대하여 마치 그림을 보듯이 생생하게 설명해 준다. 만약 친구가 아동에게 "너에게 고약한 냄새가 나!"라고 말했다고 가정하자. 아동이 이 말을 머릿속에서 떠올리기 시작하면 이제 이 말은 계속 생각나게 되고, 따라서 아동은 비이성적 사고에 따라 자신에게서 냄새가 난다는 말을 믿게 될 것이다. 아동에게 비닐로 싼 부정적 신념의 표현을 틀 안에 넣은 액체 안에 '주입하도록' 한다. 다음 회기 전에 굳히기 위해 틀 안의 액체를 냉장고에 넣는다. 다음 회기가 시작할 때 이것을 냉장고에서 꺼낸다. 아동이 뇌 모양 틀에 넣어둔 부정적 자기 대화 표현들을 기억하는지 확인한다. 이와 같은 부정적 신념이 만들어 내는 행동들이 무엇인지에 대하여 이야기한다. 틀에 있는 부정적인 사고들을 파내고 씌워 놓은 비닐을 벗겨 낸다. 도움이 되지 않는 사고들을 변화시키기 위한 첫 단계는 그것들이 무엇인지 아는 것이라고 알려 준다. 아동이 오래되고 도움이 되지 않는 뇌를 '파서' '제거해 버렸기' 때문에 도움이 되는 뇌를 새롭게 만들어야 한다고 설명한다.

부정적인 자기표현을 점검하고, 합리적이고 이성적으로 변화된 생각을 만들어

본다. 예를 들어, 도움이 되지 않는 사고가 "나는 좋은 학생이 되기 위해서는 항상 100점을 맞아야 해."라면 "100점을 맞는 것은 기분 좋은 일이지만, 매번 최선을 다하는 것이 좋은 학생이야."라고 생각을 변화시킬 수 있다. 이런 예처럼 긍정적으로 바꿀 수 있는 대체 사고들이 많이 있다. 아동이 불안을 완화하는 표현을 생각해 낼 때까지 상담을 진행한다. 모든 변화된 생각을 적은 후에 틀에 투명한 젤로를 넣고 투명한 젤로 안에 있는 새로운 생각을 읽을 수 있게 한다. 오래된 생각을 태우거나 찢어 버리거나 없애 버리는 기존의 방식도 가능하다. 굳히기 위해 냉장고에 넣고, 다음 회기에 그것을 꺼내어 새로운 생각을 연습한다. 원한다면 내면에 있는 새로운 사고를 내 몸으로 흡수하는 기분을 느끼기 위해 연습하면서 젤로를 먹을 수도 있다.

### 진행 과정 중 가능한 질문

–스스로에게 하는 말 중에서 가장 고통스러운 부정적인 말은 어떤 거니?
–이러한 말을 생각하면 어떤 기분이 드니?
–도움이 되지 않는 생각을 할 때 할 수 있는 일들이 있니?
–스스로에게 할 수 있는 긍정적인 말들은 무엇이 있니?
–긍정적인 말을 생각하면 어떤 기분이 드니?
–오래된 생각을 없애 버리면서 기분이 어땠니?

### 과제

부정적인 자기 대화에 귀 기울이고 그것을 멈추는 연습을 하도록 한다. 부정적인 감정을 들게 하는 생각을 적어 본 후 그를 대체하는 긍정적 생각을 적도록 한다. 내담자는 이 생각을 새로운 뇌에 넣을 것이다. 변화된 생각을 큰 소리로 세 번 말하고 그 순간 어떤 느낌인지 알아본다.

### 특별 고려사항

아동은 자신을 살펴보고 자신의 사고 과정을 이해하는 능력을 가지고 있어야 한다. 학령전기 아동은 학령기 아동만큼 생각하는 능력이 뛰어나지 못하기 때문에 이 기법을 활용하기 어렵다.

### 적용 및 수정

인지적 왜곡은 아동기에 자주 보이는 낮은 자아 존중감, 우울, 반항성 행동, 트라우마와 같은 역기능 문제들의 부분적인 원인일 수 있다. 그러므로 젤로와 뇌 모양 틀을 가지고 재미있게 놀면서 긍정적 대체 생각을 만들고 연습하는 것은 내담아동의 '생각을 바꿀 수 있는' 훌륭한 활동이다.

제4장

# 사회적 기술 훈련

## (Social Skills Training)

# 인터뷰에 적합한 이야기들
# (All the News That's Fit to Tell)

**❶ 치료 양식**: 개인/ 집단

**❶ 대상**: 3세~성인

**❶ 치료 단계**: 초기/중기 작업/종결 단계(이 기법은 모든 회기에서 시작 활동으로 사용될 수 있음)

**❶ 치료 목표**

1. 감정 상태를 확인하여 언어화할 수 있다.
2. 내담자가 상황/행동과 감정 사이의 연결을 만들 수 있도록 돕는다.
3. 내담자가 치료 목표를 설정하고 언어화할 수 있도록 돕는다.
4. 긍정적인 자기 대화를 증가시킨다.

**❶ 준비물**

-마이크

-포스터

### 진행 방법

먼저, 각각의 사람들이 차례로 TV 쇼에서 앵커/앵커우먼이나 토크쇼의 진행자가 된다고 설명한다. 모두 인터뷰의 대상자가 되거나 인터뷰를 진행하는 사람이 될 기회를 가지게 된다(나는 항상 이 활동을 보상 체계와 적절하게 연계해 활용한다). 치료사는 처음에 어리석은 행동을 본보기로 보여 준다. 다음의 예를 참고하자. 뉴스 앵커는 "안녕하십니까? 5시의 5번 채널 뉴스에 오신 것을 환영합니다. 나의 이름은 패리스 굿이어 브라운(Paris Goodyear-Brown)입니다. 나는 지금 조니(Jonny)의 하루에 대하여 인터뷰를 진행할 것입니다."라고 말한다. 그러고 나서 다음과 같은 질문을 한다.

1. 당신은 오늘 기분이 어떻습니까?
2. 무엇이 당신을 그렇게 느끼게 하죠?
3. 당신이 이루고자 하는 목표는 무엇입니까?
4. 당신은 그 목표를 이루려고 어떻게 노력합니까?(더 어린 아동이라면 이 질문은 제외할 수도 있다.)
5. 당신 자신에 대하여 좋아하는 한 가지는 무엇입니까?

이러한 질문들은 상기시킬 수 있도록 포스터에 적어서 방에 놓아 둔다. 그러나 오히려 어린 아동이 더 빠르게 이것들을 배우고 기억하며 말할 수 있다. 아동에게 "오늘 너의 기분이 어떠니?"라고 물을 때 자주 "괜찮아요." "별 문제 없어요." "좋아요."라고 말한다. 이러한 대답들은 감정 단어가 아니기 때문에 받아들일 수 없다. 집단에서 아동들은 서로에게 이 점을 알려 주고, 나를 흉내 내어 "감정 언어가 아니야. 다시 말해 줘."라고 이야기하기 시작한다.

모든 질문이 끝나고 난 후 인터뷰하는 사람은 "오늘 같이 해 줘서 고마워."라고 말한다. 인터뷰를 받는 사람은 "들어 주셔서 감사합니다."라고 말하기도 한다. 이 게임을 통해 자연스럽게 눈맞춤을 하게 될 것이다. 내담자는 이 활동을 끝내고 보상을 받는다.

### 진행 과정 중 가능한 질문

–다른 사람을 인터뷰하는 유명인사가 되었을 때 기분이 어땠니?

– 질문에 대답할 때는 기분이 어땠니?
– 자신에 관해서 좋아하는 한 가지를 생각해 내는 건 쉬웠니, 아니면 어려웠니?
– 자신에 관해서 좋아하는 한 가지를 친구에게 말할 때 기분이 어땠니?
– 인터뷰 중에 눈을 맞추는 것은 어려웠니? 만약 그렇다면 무엇이 눈맞춤을 어렵게 만든 거 같니?

### 과제

집에 가서 이 질문을 사용해 부모님을 인터뷰하도록 한다. 인터뷰를 하고 저녁을 먹으면서 대화의 소재로 인터뷰에 관해 이야기할 수 있게 된다.

### 특별 고려사항

이 기법은 언어적 기술을 요구하기 때문에 언어 지연을 겪는 아동에게는 더욱 어려울 수 있다. 또한 더 어린 아동과 인지적으로 덜 성숙한 아동은 질문을 기억하지 못할 수 있다. 또는 포스터에 있는 질문을 읽지 못할 수도 있다. 이 경우 치료사는 즉시 질문을 알려 주어야 한다.

또한 아동이 집단 치료에 참여한 날에 어떠한 정서적 상태인지 파악하는 것도 매우 중요하다. 예를 들어, 만약에 내담자가 가족의 죽음을 경험하였다면 당연히 감정을 다루기 위한 과정은 길어질 것이다. 내담자가 집단의 구성원에게 이 중요한 감정을 솔직하게 나눈다면 다른 내담자가 자신의 상실을 기억하도록 만드는 계기가 되어 줄 것이다. 이는 마치 수문이 열리는 것과 같으며, 모든 구성원은 슬픔을 공유하기를 원할 것이다. 이로 인해 치료의 효과는 더욱 강력해질 수 있지만, 이를 위해서는 그 회기가 진행되는 동안 치료사의 자발적인 노력 또한 필요하다는 점을 인지하도록 한다.

### 적용 및 수정

이 기법은 집단 치료를 시작할 때에도 유용하다. 나는 모든 아동 집단에서 이 방법을 사용해 왔다. 내가 회기 중에 아동이 느끼는 감정을 확인하는 것을 잊어버리면 오히려 아동들이 나에게 이 점을 일깨워 준다. 아동들은 보통 제일 처음으로 앵커/앵커우먼이 되어 인터뷰를 진행하고 싶어 한다. 그래서 이들은 보통 집단에 빠르게 적응

한다. 또한 한 명의 아동을 대상으로 개별 회기를 진행할 경우에도 적용 가능하다.

집단이 겪고 있는 이혼이나 분노 조절과 같은 문제의 유형에 따라 특정한 질문들이 감정을 확인하기 위해 추가될 수 있다. 예를 들어, "이번 주에 자신의 분노를 통제했던 때는 언제였니?"라고 질문한다. 이렇게 분노 조절 집단에게 매주 질문을 한다면 자연스럽게 그들의 책임감을 증가시킬 수 있을 것이다. 이제 그들은 '전국에 방송되는 TV 쇼'에서 인터뷰를 요청받기 때문에 분노를 조절하려 노력하게 된다.

이 사진의 마이크는 치료에 사용되는 마이크의 한 종류이다. 치료사나 다른 내담자들과 직접적으로 대화하기를 거부하는 내담자의 경우 인형을 선택한 후 마치 그 인형이 질문을 받는 것처럼 자신의 목소리를 인형의 목소리인 척하는 것도 가능하다.

# '나는 ~라는 느낌이 들어요' 사방치기 게임 ('I Feel' Hopscotch)

**치료 양식**: 집단/ 가족

**대상**: 5세~성인

**치료 단계**: 중기 작업 단계

**치료 목표**

1. 감정을 규명하고 언어화한다.
2. '나는 ~를 느낀다.'의 의사소통 문장을 연습한다.
3. 행동을 감정과 연결할 수 있다.
4. 내담자의 갈등해결 능력을 향상시킨다.

**준비물**

–분필

–이야기

–바닥(만약 바닥에서 할 수 없다면 실내에서 사방치기할 수 있는 고무 매트 사용 가능)

### 진행 방법

아동들은 이 게임을 좋아하는데, 그 이유는 어린 시절 했던 익숙한 게임이 변형된 것이기 때문이다. 먼저, 갈등해결 전략으로 "나는 ~라는 느낌이 들어요." 문장의 중요성에 관해 이야기한다. 이 문장을 "너는 ~야."라는 비난의 문장과 대조해 보면서 각각의 대화가 자신에게 어떠한 느낌을 주는지 이야기한다. 아동이 사방치기판을 그리도록 돕는다. 사방치기 보드판은 "나는 ~라는 느낌이 들어요."라는 문장을 연습하기 위한 것이라고 설명한다. 사방치기의 칸에 "나는 ~라는 느낌이 들어요."를 적고 '때'와 '이유'를 적기 위해 각각 한 칸씩을 남겨 놓는다. 마지막으로, 아무것도 적지 않은 채로 한 칸을 남겨 놓는다.

갈등을 묘사하고 있는 다양한 시나리오들이 사용될 수 있다. 동화, 이솝우화, 독서치료 자료 또는 아동이 학교에서 경험하는 실제 상황들이 이야기로 사용될 수 있다. 예를 들어, 어떤 아동이 복도에서 발에 걸려서 넘어지는 것에 대하여 이야기를 했다. 그 아동은 그 칸으로 깡충 뛰면서 "나는 ~라는 느낌이 들어요."라는 문장을 말하고 빈칸을 채운다. "나는 발이 걸려 넘어졌을 때 다쳐서 매우 화가 났어요."와 같이 빈칸을 채울 수 있다. 각각의 아이들은 사방치기를 성공적으로 완수했을 때 보상을 얻는다. 이를 통해 청각적, 시각적, 운동 감각 학습들이 가능하며, 이렇게 배운 것들은 아동에게 오랫동안 남아 있게 된다. 내담자는 시작을 할 때 많은 도움을 필요로 할 수 있다. 왜냐하면 "나는 ~라는 느낌이 들어요."라는 문장은 우리들 대부분에게 자연스럽게 느껴지지 않기 때문이다. 우리는 화가 날 때 다른 사람을 비난하고 상처 입히는 말을 하는 것에 더 익숙하다. 그리고 이렇게 반응하기 전에 멈추고 생각하기란 매우 어렵다. 내담자들은 자주 이 게임을 하자고 요청할 것이다. 밖에서 놀 수 있어 재미있기 때문이기도 하지만 완벽하게 해냈다는 느낌을 받을 수 있기 때문이다.

### 진행 과정 중 가능한 질문

- 비난할 때의 기분은 어땠니?
- "나는 ~라는 느낌이 들어요."라는 문장을 만들 때의 기분은 어땠니?
- 다른 사람들이 너를 비난할 때 어떻게 반응하니?
- 집단 구성원들이 "나는 ~라는 느낌이 들어요."라는 말을 하는 것을 들으면

어떤 느낌이니?

–"나는 ~라는 느낌이 들어요."라는 말을 하는 것이 학교에서 다른 친구들과 잘 지낼 수 있도록 하는 데 어떻게 도움이 되는 것 같니?

### 과제

다음 주에 하루에 한 번 "나는 ~라는 느낌이 들어요."라는 문장을 말하도록 한다. 그런 다음 사람들이 이러한 말에 어떻게 반응하는지 살펴보고, 다음 회기에 이에 대하여 이야기하도록 한다.

### 특별 고려사항

이 기법의 언어적 구성 방식은 3~5세의 어린 아동에게는 매우 복잡해서 내면화하고 되풀이하는 것이 불가능할 수 있다. 이런 경우에는 쉽게 첫 번째로 "나는 너무 화가 나요."라고 말하고, 그 후 다른 칸으로 이동할 수 있다.

### 적용 및 수정

이 기법은 집단에서 가장 적합하며, 내담자에게 새로운 기술을 스스로 연습해 볼 수 있는 기회를 제공한다. 그러나 동시에 다른 친구들이 "나는 ~라는 느낌이 들어요."라는 문장을 만드는 것을 지켜보고 그들의 말을 들어줄 수도 있게 된다.

가족 내에서 종종 발생하는 서로를 '비난하는 행동(blame game)'을 해결하는 방법으로 이 게임을 함께 해 볼 수도 있다. 또한 이 게임을 통해 부모는 자녀를 위하여 새로운 대화 패턴을 만들어 줄 수 있게 된다.

## 감출 수 없어!
## (You Can't Mask It)

**치료 양식**: 개인/집단/가족

**대상**: 3세~성인

**치료 단계**: 중기 작업 단계

**치료 목표**

1. 내담자가 자신의 보디랭귀지를 인식하도록 돕는다.
2. 내담자가 다른 사람들의 비언어적인 단서를 올바르게 해석하도록 돕는다.
3. 타인의 보디랭귀지에 대한 반응과 관련하여 자기 통제를 배운다.
4. 사회적 기술을 증가시킬 수 있다.

**준비물**

–다양한 종류의 마스크

–비디오카메라 또는 전신 거울

–보상물

### 진행 방법

먼저, 보디랭귀지의 개념을 설명한다. 사회적 결핍을 겪는 아동은 눈맞춤과 타인의 비언어적인 단서에 대한 해석을 어려워하는 경향이 있다. 아동에게 우리가 주고받는 모든 의사소통 중에 우리가 사용하는 실제 단어로 구성되어 있는 경우는 거의 없다는 것을 설명한다. 의사소통의 또 다른 부분은 소리나 억양이다. 그러나 대부분의 의사소통은 타인과 상호작용하는 동안 우리의 신체가 하는 일들로 구성된다. 우선 사람의 얼굴로부터 얻을 수 있는 단서들에 관해 이야기한다(이 활동은 제2장의 '떡으로 표정 만들기' 활동과 연관 지어 진행해도 좋다). 이 개념을 설명하기 위해 먼저 보디랭귀지로 지루함을 전달하는 것을 시도해 본다. 집단으로 진행된다면 내담자들에게 두 명이 한 쌍을 이루도록 한다. 먼저, 한 사람에게 일상에 대하여 이야기를 하도록 하고, 다른 한 사람에게 잠시 흥미롭게 듣다가 지루해 보이는 연기를 하라고 지시한다. 이야기하는 사람이 지루함의 메시지를 읽어 낸다면 말하는 것을 멈추고 역할을 바꾼다. 이후 "네가 말하는 게 너무 지루했어."라는 메시지를 전달하기 위해 사용되었던 비언어적인 단서를 찾도록 한다. 내담자들은 아마도 눈알 굴리기, 입 가리기, 스트레칭, 주변 둘러보기 등을 이야기할 것이다. 치료사는 내담자가 이를 결코 말로 표현하지 않았지만 효과적으로 전달했다는 사실을 알려 준다. 비언어적인 단서를 찾는 데 익숙하지 않아 메시지를 읽어 내지 못해서 상대방이 계속해서 말하게 되는 내담자도 있을 수 있다. 그럼에도 분명히 내담자들은 많은 연습을 통해서 이러한 기능을 향상시킬 수 있을 것이다.

내담자들에게 비언어적인 단서를 찾는 탐정이 되어야 한다고 설명한다. 치료사는 마스크를 쓰고 비언어적인 단서를 찾는 것을 더욱 어렵게 할 거라는 사실을 내담자에게 알려 준다. 치료사가 마스크를 쓰고 자세를 취한다. 그리고 아동에게 치료사가 느끼는 감정을 추측해 보라고 요청한다. 내담자가 정답을 맞힌다면 비언어적 단서들을 어떻게 찾아낸 것인지에 대하여 이야기해 본다. 각 내담자는 차례로 마스크를 쓰고 집단의 구성원에게 특정한 감정을 전달하기 위해 자세를 취한다. 그리고 모두의 차례가 끝나고 나면 상대방이 알아차린 비언어적 단서들에 관해 이야기하도록 한다. 아동은 마스크를 쓰고 감정을 전달할 때마다 보상을 받는다. 보상은 활동 끝에 상으로 교환 가능하다.

### 진행 과정 중 가능한 질문

- 비언어적 단서에서 무엇을 찾아냈니?
- 모든 사람이 같은 감정을 보여 주기 위해 같은 보디랭귀지를 사용하였니? 다른 점이 있다면 어떤 것이었니?
- 분노를 표현하는 가장 흔한 비언어적 단서들은 무엇이었니? 슬픔을 나타내는 단서들은 무엇이었니? 신나는 감정을 나타내는 단서들은 무엇이었니?
- 보디랭귀지를 읽어 내는 것이 도움이 된다고 느낀 적이 언제였니?
- 다른 사람들은 너의 비언어적인 단서들을 정확하게 읽어 내고 있니?

### 과제

적어도 하루에 한 번 친구, 선생님 또는 부모님의 감정 파악에 이 탐정 기술을 사용하도록 한다. 그런 다음 그 감정에 대하여 내담자가 내린 결론을 살펴보고, 맞는지 확인하도록 한다. 다음 회기까지 탐정일지를 작성하여 가져오도록 한다.

### 특별 고려사항

아스퍼거 증후군을 포함한 자폐 스펙트럼으로 분류되는 증상으로 어려움을 겪는 아동에게 이 활동은 매우 유용하다. 그러나 이들은 동시에 치료사로부터 더 많은 도움을 필요로 한다.

일부 아동은 심리적인 고통과 불신이 아주 심해 타인에게서 투사할 수 있는 것은 오직 자신이 지닌 최악의 공포나 분노뿐인 경우도 있다. 심지어 비언어적 단서가 다른 감정을 나타낼 때조차 모든 사람은 화가 나 있거나 지루하거나 '비열해' 보인다고 말할 수 있다. 이 경우 신뢰 구축, 분노 조절, 치료사와 현실 감각 익히기 그리고 타인의 관점에서 바라보기와 같은 활동을 통한 더 많은 노력이 필요하다.

### 적용 및 수정

이 기법은 마스크를 쓰고 '무언가인 척 가장하는' 것이기 때문에 내담자에게 하고 싶다는 동기를 부여한다. 내담자는 게임 중에 정확하게 의사소통하고 타인의 비언어적 단서를 찾아낼 때 성공했다는 감정을 느끼게 된다. 만약 다른 내담자들이 감정에 대하여 추측하지 못한다면 마스크를 쓴 내담자로 하여금 다른 구성원이 감정을 정확하게 추측할 수 있다고 스스로 생각이 들 때까지 전신 거울을 바라보며 자세를 바꾸도록 한다.

이 기법은 가족에게 아주 유용하다. 각 가정에서 매일 발생하는 복잡한 대화를 가족 구성원이 인지하고 읽어 내도록 도움을 주기 때문이다. 이 기법은 또한 1:1 회기에서도 사용할 수 있는데 내담자와 치료사는 번갈아 탐정 역할을 한다. 이 경우 내담자가 신체를 이용해 다른 감정을 나타내는 것을 녹화하는 것이 도움이 된다. 이후 함께 녹화된 장면을 보고 비언어적 단서들이 명확하게 표현되는지 이야기해 본다.

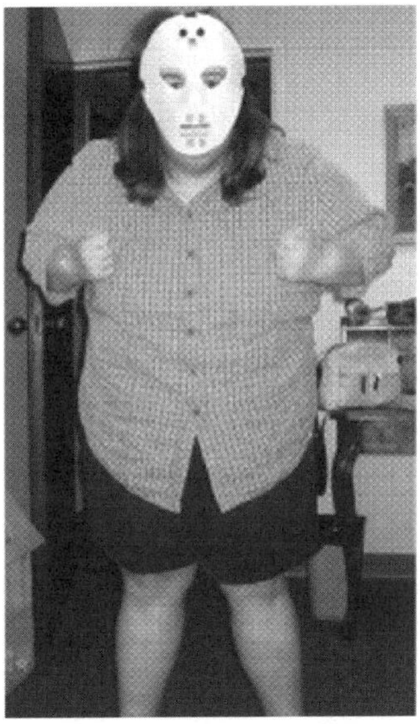

내담자는 마스크를 쓴 사람이 어떤 감정을 느끼는지를 단지 보디랭귀지만 가지고 추측해야 한다. 왼쪽에서 보이는 감정은 슬픔이다. 오른쪽의 사진에서 나타나는 감정은 분노이다.

# 경계선 확인하기 (The Twizzler Test)

**치료 양식**: 개인/집단/가족

**대상**: 5세~성인

**치료 단계**: 중기 작업 단계

**치료 목표**

1. 타인과의 거리에 있어 적절한 신체적 경계를 구축한다.
2. 또래와의 상호작용 시 적절하고, 긍정적인 사회적 상호작용을 증가시킨다.

**준비물**

- 트위즐러(Twizzler)(쫀드기 같은 간식거리)

### 진행 방법

먼저, 내담자에게 경계 문제에 관해 이야기한다. 가끔 타인이 나만의 신체적 공간에 들어올 때 그들로 인해 불편할 수 있다는 점을 설명한다. 마찬가지로 타인도 우리가 그들의 신체적인 공간에 들어가면 그들 역시 좋아하지 않을 수 있다고 설명한다. 우리의 많은 내담자는 적절한 신체적 경계선을 이해하고 시행하는 것을 어려워한다. 어떤 내담자는 퍼즐 게임을 같이 할 만큼 또래와 충분히 가까워지지 않기도 하지만, 또 다른 내담자는 낯선 사람과도 거리낌 없이 포옹하고 무릎 위에 앉을 것이다. 이 경계선 훈련을 위해서는 '팔의 길이'의 개념을 활용해야 한다. 예를 들어, 만약에 내담자가 친한 친구와 말하고 있을 때 그들 사이의 거리는 대략 팔의 길이 정도이다. 이 활동에서는 약 25cm 길이의 트위즐러가 팔의 길이를 대신해 사용된다.

이 활동은 집단에 매우 유용하다. 치료사는 각 집단 구성원에게 여러 개의 트위즐러를 주고 두 명씩 짝을 지어 트위즐러를 마치 측정 막대처럼 사용하여 그들 사이의 다양한 거리를 측정해 보도록 한다. 각 조는 부모와 자녀, 두 명의 친구, 학생과 선생님, 아동과 낯선 사람이며, 이들은 서로 간의 거리에 몇 개의 트위즐러가 적절한지 결정해야 한다. 모든 집단 구성원은 그들의 결정을 공유하고 비교해 보면서 가장 훌륭한 답을 고른다. 최종적으로 결정된 거리를 바닥에 놓고 트위즐러의 양쪽 끝에 서서 '그 거리를 느껴 본다'. 이제 내담자들은 타인의 공간에 들어가는 상황과 관련한 역할 놀이를 한다. 어떤 내담자는 일반적으로 적절하다고 여겨지는 거리보다 트위즐러 한 개의 길이만큼 더욱 가깝게 다가설 수 있다. 자신의 공간을 침범당한 내담자는 침입자에게 자신의 불편함을 인지시키고 물러서라고 요청함으로써 언어적으로 경계를 설정하는 것을 연습해야 한다.

### 진행 과정 중 가능한 질문

- 신체적인 경계선은 무엇이니?
- 무엇이 신체적인 경계선을 중요하게 만드니?
- 너와 친구 사이에는 몇 개의 트위즐러가 적절한 길이니?
- 네가 원하는 것보다 상대방이 더 가깝게 다가오면 뭐라고 말해야 하겠니?

### 과제

집이나 학교에서 사람들에게 새로운 경계를 사용해 보고 어떠한 일이 일어나는지 살펴본다. 이 물리적 거리가 사람들에게 어떻게 영향을 미치는지 살펴보고 이에 관해 다음 회기에 이야기하도록 한다.

### 특별 고려사항

성적 학대를 겪은 내담자라면 접촉에 있어 적절하지 않은 경계선을 지니고 있을 수 있다. 이 경우 또래와 활동을 시작하기 전에 적절한 접촉에 대하여 개별적으로 훈련을 하는 것이 도움이 된다.

### 적용 및 수정

이 기법은 아동이 물리적 거리의 개념을 이해하고, 다양한 종류의 관계에서 발생하는 경계 문제에 이를 적용할 수 있도록 돕는 재미있는 방법이다. 이것은 집단 실행에 적합하지만 개인에게도 사용 가능하다. 명확한 경계선 구축은 어린 내담자에게 힘을 부여하는 역할을 한다. 게다가 사회적 예의가 부족해 비웃음 당하는 아동이라도 물리적 공간과 관련한 타인의 필요성을 존중하기 시작하면서 또래 사이에서 받아들여질 수 있다.

이 기법은 신체적 폭력에 관해 이야기할 수 있는 시작점이 될 수도 있다. 주먹싸움, 밀기, 넘어뜨리기 등은 타인의 공간을 침해하는 행동이며, 그로 인해 수용될 수 없는 행동이다.

이 기법은 가족에게도 수정되어 적용 가능하다. 기존의 가족 조각(family sculpting) 기법에서 트위즐러는 다른 구성원과의 감정적·심리적·물리적 거리를 나타내기 위해 상징적으로 사용될 수 있었다. 각 가족 구성원은 차례로 특정한 개수의 트위즐러를 사용해 가족을 연결했다. 가족과 이 활동을 함께하는 것은 역기능적 경계선을 부수고 새롭고 건강한 경계선을 구축하는 데 유용하다.

# 의사소통 블록 쌓기
## (Building Blocks of Communication)

**치료 양식**: 집단/가족

**대상**: 3세~성인

**치료 단계**: 중기 작업 단계

**치료 목표**

1. 성인의 요구를 따르도록 한다.
2. 협력을 구축한다.
3. 효과적인 의사소통 기술을 증진시킨다.
4. 내담자가 좌절을 극복하고 임무를 완성하는 경험을 하도록 도와준다.

**준비물**

–두 개의 동일한 블록들

### 진행 방법

이 기법은 부모 훈련을 위한 훌륭한 도구이다. 먼저, 부모와 아동은 서로 등을 맞대고 마루에 앉는다. 각자에게 동일한 블록 세트를 준다. 블록의 숫자와 디자인(색깔과 모양)은 내담자들의 나이와 기능적 수준에 맞게 제공된다. 예를 들어, 만약에 아동이 세 살이라면 세 개의 블록을 준다. 색을 알고 있는 어린 아동이라면 유색의 블록을 사용하는 것이 도움이 될 수 있다. 그러나 내담자가 열 살이라면 한 사람당 여섯 개의 블록을 사용하고, 블록은 나무로 된 평범한 블록이어야 한다. 이 블록을 사용하면 기법의 난도는 증가한다.

이제 부모에게 블록을 가지고 구조물을 만들도록 한다. 그런 다음 부모는 자녀가 정확하게 같은 구조물을 만들도록 돕는다. 하지만 부모는 자녀가 구조물을 만들어 낼 때까지 자녀의 블록을 볼 수 없다. 그러므로 부모는 명확하고 간결한 지시어를 사용해 자녀와 의사소통해야 하며, 다음 지시를 내리기 전에 자녀가 그 단계를 이해하고 완수하기까지 기다려야 한다. 부모는 자신이 사용하는 단어를 자녀가 항상 이해하지 못한다는 사실을 이 기법을 통해 이해하게 되며, 그렇기 때문에 이 기법의 효과는 그야말로 놀랍다고 여러 번 언급하곤 한다. 부모가 "큰 사각형을 집어 옆으로 돌려놓아 볼래."라고 말할 때, 이 말은 자녀에게 세 가지의 다른 의미를 뜻한다. 부모는 다음의 의사소통 전에 자녀가 지시를 이해하고 있는지, 제대로 인지하고 있는지 확인해야 한다는 사실을 알게 된다.

이 기법은 주의력결핍장애(ADD) 아동의 부모에게도 유용하다. 이 부모의 경우에는 전체 지시를 단계별로 나누는 방법과 다음 지시를 시행하기 전 한 단계를 완수했는지 확인하는 방법에 관한 훈련이 필요하기 때문이다. 나는 종종 방을 청소하는 상황과 비교를 한다. 먼저, 부모가 "네 방을 청소해라."라고 말하면, 자녀는 바닥의 옷을 집어 들어 청소를 하다가 갑자기 레고에 정신이 팔려 청소를 끝마쳐야 한다는 사실을 잊어버린다. 부모는 주의력결핍장애 아동과 함께 방으로 가서 이렇게 말한다. "책들을 선반 위에 놓도록 해." 그 임무를 완수할 때까지 기다린 후, "잘했어! 지금 양말들을 서랍 안에 넣어."

이렇게 부모가 자녀를 도와준 후 이제 역할을 바꾸어 자녀에게 '명령을 내리는 사람이 될' 기회를 주고, 구조물을 만들어 부모에게 만드는 방법에 대하여 지시를 내리도록 한다. 어린 아동은 보통 자기중심적이고, 부모님은 자신이 보는 것은 무엇이든지 볼 수 있다고 믿기 때문에 이 역할 바꾸기는 어린 아동에게 아주 재미있는 활동이다. 자녀는 많은 지시어를 빼먹고, 이로 인해 부모는 혼란스러워한다. 필요하다면 치료사는 아동이 명확한 지시를 하도록 돕는다. 때로 이 과정은 긴 시간이 걸리고 어느 한쪽 아니면 부모와 자녀 모두를 좌절하게 할 수 있다. 그러므로 그들이 끝마칠 수 있도록 격려하는 것은 치료사가 해야 할 중요한 일이다. 이 활동이 끝날 때 참여자들은 협동을 통해 동일한 구조물을 만들었다는 사실을 알게 되며, 이는 그들에게 통일성과 일을 완수했다는 느낌을 부여하게 된다.

### 진행 과정 중 가능한 질문

–지시를 내릴 때 가장 어려운 부분은 무엇인가요?
–당신의 단어는 당신과 자녀에게 항상 같은 의미를 가지나요? 왜 그렇죠?
–다른 사람에게 당신을 이해시키기 위해 무엇을 다르게 해야 한다고 배웠나요?
–새롭게 배운 것들을 양육 시에 어떻게 적용할 건가요?

### 과제

한 가지 과제를 주고 완수될 때까지 기다리는 것을 연습하도록 한다. 적어도 하루에 한 번 시행하고 다음 회기에 이와 관련한 결과를 가져오도록 한다.

### 특별 고려사항

좌절에 대한 내성이 극도로 부족하거나 집중할 수 있는 시간이 극도로 짧은 아동에게 이 활동은 고통스러울 수 있다. 그러므로 이 기법을 적용하기 전에 주의 집중 시간을 늘리고 내담자의 좌절에 대한 내성을 향상시키기 위한 일들이 먼저 행해져야 한다. 폭력적인 부모나 자녀에게 건강한 언어를 사용할 수 없는 부모는 제외한다.

### 적용 및 수정

이 기법은 부모 훈련에 적합하지만 집중력 향상, 지시사항 빠르게 준수하기, 효과적으로 의사소통하기와 같은 목표를 가진 개별 회기에서 사용할 수도 있다. 나는 이 기법을 10세의 소년들로 이루어진 집단에서 사용했다. 집단 구성원들 중에 한 쌍을 골라 중앙에 앉아 서로 등을 맞대고 앉도록 한다. 남은 구성원은 이 두 명이 같은 구조물을 만들기 위해 효과적으로 의사소통하는지 지켜본다. 만약에 파트너가 제대로 하지 못하면 지켜보고 있는 집단 구성원에게 도움을 요청할 수도 있다. 집단 구성원은 리더에게 살짝 귓속말로 구조물을 만드는 힌트를 이야기해 줄 수도 있다. 집단의 구성원들은 큰 소리로 힌트를 줄 수 없다. 만약 중간에 한 명이 몸을 돌려 상대방의 구조물을 보려고 한다면 이를 교체하도록 한다. 활동 마무리에 의사소통과 협력에 대하여 집단 구성원들과 서로 이야기를 나눈다.

내담자들은 위 사진의 인형처럼 서로 등을 맞대고 앉는다. 다른 사람이 만들고 있는 것은 쳐다보지 않는 것이 규칙이다. 동일한 구조물을 만들기 위한 방법은 오직 언어로 의사소통하는 것뿐이다. 연령이 높은 아동의 경우 평범한 나무로 된 블록을 선호할 테지만, 더 어린 아동의 경우에는 색깔이나 모양을 가진 블록(아래 사진 참조)이 지시사항을 이해하는 데 더욱 유용하다.

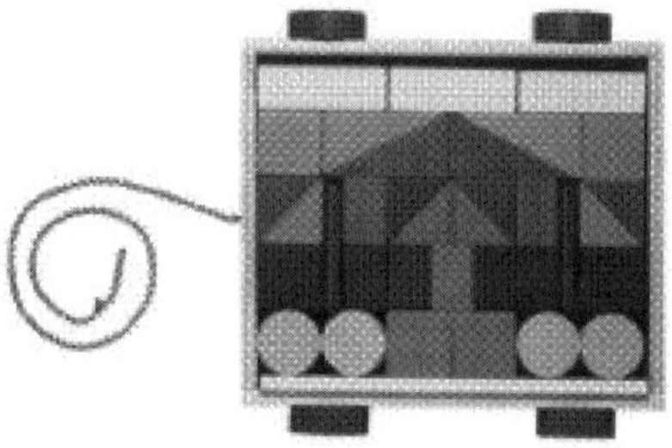

# 마시멜로 벽
## (Marshmallow Walls)

**치료 양식**: 개인/집단/가족

**대상**: 3세~성인

**치료 단계**: 중기 작업/종결 단계

**치료 목표**

1. 역기능적인 패턴을 무너뜨린다.
2. 역기능적인 패턴을 기능적인 행동으로 대체한다.
3. 대인 관계에서 건전한 경계를 촉진한다.

**준비물**

–마시멜로

–땅콩버터

–플라스틱 버터 칼

–매직펜(케이크 만들 때 쓰는 젤 타입의 펜)

### 진행 방법

나는 심각한 문제를 가지고 있는 열 살 소년에게 이 기법을 마지막으로 사용했었다. 이 아동은 매우 똑똑해서 또래를 비롯해 성인들과도 긴 시간 논쟁을 하곤 했다. 그러나 논쟁은 긍정적인 관계 구축에 도움이 되지 않았다. 나는 아동에게 논쟁을 지속할 때 사용하는 말들을 목록으로 만들어 보도록 지시했다. 그 말들은 "안 돼." "그것은 당연히 옳지 않아." "정확하게" "우-우" "진짜 아니야." 등이었다. 아동은 각각의 마시멜로에 이 말들을 적었다. 아동은 내 지시를 따라 마시멜로 사이에 땅콩버터를 발라 이어 붙인 다음 벽처럼 만들었다. 자신을 나타내는 작은 피규어를 선택하도록 하고, 마시멜로 벽 뒤에 피규어를 놓도록 했다. 우리는 어떻게 이 논쟁의 벽이 그와 친구들 또는 부모 사이에 있게 되었는지 이야기를 나누었다. 우리는 그 벽을 부수기로 결정하고, '적절한 때 물러서기'를 표현하는 문장으로 이루어진 새로운 벽을 만들기로 하였다. "나는 네가 말하고자 하는 바를 알았어." "나와 의견이 다른 것에 동의해." "O.K." "네가 옳을지도 몰라." 등이 '적절한 때 물러서기' 문장의 예들이 될 수 있다. 이제 내담자로 하여금 새 마시멜로에 이 문장들을 적으면서 동시에 말하기를 연습하게 한다. 그가 처음에 지었던 벽은 아주 높아서 누구도 주변을 볼 수 없었고, 이로 인해 아동은 사회적으로 고립되었다. 두 번째로 만든 벽은 마치 울타리 같았으며, 지어진 후에는 아동을 둘러싸는 경계선의 역할을 했다. 이 벽은 길지만 낮은 벽이었다. 이제 아동은 볼 수 있고, 타인과 의사소통을 할 수 있게 되었다. 물론 가장 재미있는 부분은 활동이 끝난 후 마시멜로와 땅콩버터를 먹을 수 있다는 점이다!

### 진행 과정 중 가능한 질문

- 너의 첫 번째 벽에 대하여 어떤 생각이 들고 어떤 말로 표현할 수 있니?
- 이 첫 번째 벽은 너의 감정과 행동에 어떤 영향을 주었니?
- 너와 다른 사람을 분리하는 벽을 부술 때 기분이 어땠니?
- 두 번째 벽을 만들 때 어떤 생각과 말을 사용했니?
- 이는 너의 감정과 행동에 어떤 영향을 주었니?
- 너의 삶에 이것을 어떻게 적용할 수 있겠니?

### 과제

매일 두 번째 벽에 있는 한 문장을 선택하고 다른 사람과 대화할 때나 자신에게 반복하여 말하도록 한다. 이것이 관계에 어떠한 영향을 주는지 알아 오도록 한다.

### 특별 고려사항

이 기법은 음식을 사용하는 중재 방법이기 때문에 섭식장애를 가진 아동에게는 적절하지 않을 수 있다.

### 적용 및 수정

이 기법은 자신 주변에 다양한 종류의 벽을 세우고 있는 아동에게 비유로 사용될 수 있다. 그것은 "나는 뚱뚱해." "나는 멍청해." "나는 쓸모없어."와 같은 부정적인 자기 대화의 벽일 수 있다. 그것은 "나는 뭐라고 말해야 할지 몰라. 그들이 나를 비웃으면 어쩌지?"와 같은 부끄러움의 벽일 수도 있다. 또는 "엄마가 차 사고로 죽으면 어떡하지?" "학교가 불이 나면 어떡하지?" "내가 암에 걸린다면 어쩌지?"와 같은 걱정의 벽일 수 있다. 이 기법은 아동을 괴롭히는 문제를 이해하고 그 문제를 아동 주변에 세워져 있는 벽으로 규정한 후 벽을 부수고 새롭고 제 기능을 다하는 벽으로 재구축하도록 돕는 것이다.

이 기법은 경계선 작업에도 매우 유용한 방법이다. 낯선 사람에게 뛰어가기, 사람들과 부적절하게 접촉하기, 과도하게 드러내기와 같은 아동의 특징들은 첫 번째 벽에 고스란히 반영되어 있는데, 이러한 경우 첫 번째 벽은 서로 잘 달라붙지 않고 뒤죽박죽 섞인 마시멜로로 만들어졌으며 이는 헐거워진 경계를 상징한다. 역기능적인 생각들이 수정되고 새롭고 건전한 경계가 만들어지면서 이는 아동과 타인 간의 건전한 경계선의 역할을 하는 새로운 벽에 고스란히 반영된다. 경계선에 대한 이러한 관점으로 인하여 이 기법은 가족에게도 유용하다.

집단 치료에서 치료사는 분노 관리, 자아 존중감 등과 같은 주제를 선택할 수 있다. 집단의 구성원은 그 문제의 원인이 되는 부적응적인 사고나 말을 만들도록 한다. 모든 구성원은 함께 벽을 만든 다음, 그 벽을 부순다. 이제 모든 구성원은 함께 새롭고 건전한 벽을 만든다.

위 사진의 벽은 문제가 되는 벽이다. 각각의 마시멜로는 비이성적인 생각, 부정적인 자기 대화, 도움이 되지 않는 행동 반응, 부정적 대처 전략 등을 나타낸다. 위 사진의 벽은 10세 된 남자 아동이 논쟁을 계속할 때 사용하는 말들로 구성되었다. 아래 사진의 벽은 새롭게 만든 벽이다. 위 사진의 말을 하나씩 평가한 후, 그에 대응할 수 있는 말을 만들고 새로운 벽에 적었다. 아래의 사진에서 첫 번째 벽이 쓰러져 더 이상 내담자에게 어떠한 영향도 주지 못한다는 점에 유의하도록 한다.

# 칭찬낚시
## (Fishing for Compliments)

**❶ 치료 양식**: 집단

**❶ 대상**: 3세~성인

**❶ 치료 단계**: 중기 작업 단계

**❶ 치료 목표**

1. 사회적 기술을 향상시킨다.
2. '타인에게 긍정적인 말하기' 능력을 증가시킨다.
3. 자아 존중감을 향상시킨다.

**❶ 준비물**

- 은박지나 반짝이는 포장지
- Swedish Fish™ 젤리(물고기 모양의 젤리)
- Gummy Worm™ 젤리(지렁이 모양의 젤리)
- 종이 집게
- 라벨

### 진행 방법

(연못을 나타내는) 반짝이는 종이를 집단의 가운데에 놓는다. 라벨을 네 개의 코너에 각각 놓는다. 라벨에는 각기 다른 카테고리에 속하는 칭찬들이 적혀 있다. 물고기 모양의 젤리는 라벨 옆에 놓는다(이때 라벨에는 각기 다른 색의 젤리를 매치하도록 한다). 라벨에는 다음과 같이 적혀 있다.

- 먼저, "너는 예쁜 머리카락을 가졌어." "나는 너의 미소가 좋아."와 같은 '신체적 특징'과 관련된 칭찬들이다.
- 그리고 "나는 네가 춤추는 모습이 좋아." 또는 "너는 읽기를 정말 잘해."와 같은 '기술 능력'과 관련된 칭찬들이다.
- 또한 "나는 네가 길을 건너기 전에 양쪽을 잘 살펴보는 것을 잘한다고 생각해." 또는 "너는 학교에 건강에 좋은 과자를 가지고 와."와 같은 '자기 관리, 즉 자신의 안전을 지키는 것'과 관련된 칭찬들이다.
- 마지막으로, "나는 네가 보통 '제발' 그리고 '고마워'와 같은 말을 하는 방식이 맘에 들어." 또는 "너는 모든 사람과 노는 것을 참 잘해."와 같은 '다른 사람들을 다루는 방식, 즉 사회적 기술'과 관련된 칭찬들이다.

중앙에 각기 다른 색상의 물고기를 놓고 각자 다른 색상의 물고기를 한 마리씩 '잡도록' 한다(만약 세 명의 플레이어가 있다면 빨간색, 초록색 물고기가 각각 세 마리씩 중앙에 있어야 한다). 모든 플레이어에게 지렁이 모양의 젤리와 집게를 준다. 집게를 펴고 한쪽 끝에 지렁이 모양의 젤리를 붙인다. 이 지렁이 모양의 젤리는 '미끼' 역할을 하게 된다. 플레이어는 차례대로 물고기를 '잡는다'. 플레이어들은 상대방이 '잡은' 물고기의 색깔과 일치하는 카테고리의 칭찬을 해 주어야 한다. 이 게임은 모든 플레이어가 각기 다른 색깔의 물고기를 잡으면 끝난다. 그 후 이들은 네 개의 다른 긍정적인 문장들을 만드는 것을 연습하게 될 것이다.

### 진행 과정 중 가능한 질문

- 칭찬을 받았을 때 어떻게 느꼈니?
- 칭찬을 할 때는 어떻게 느꼈니?

–어떤 카테고리의 칭찬을 가장 자주 하고 있니?

–칭찬을 하는 것이 좋을 것 같은 상황들은 무엇이 있을까?

### 과제

매일 세 명에게 한 가지씩 칭찬을 해 주고 그들의 반응을 적어 오도록 한다.

### 특별 고려사항

섭식장애 또는 음식과 관련한 알레르기나 건강이 걱정되는 사람들은 자석을 이용한 낚시 게임을 하는 것이 더욱 좋은 방법이다.

### 적용 및 수정

이 기법은 주의력결핍장애, 적대적 반항장애(ODD), 품행장애(CD)를 진단받은 아동으로 이루어진 집단 치료에 유용하다. 이 아동들은 대부분 사회적 기술이 부족하기 때문이다. 이 기법은 가족 치료에서도 유용한데, 가족 구성원들은 이 기법을 통해 서로에게 긍정적인 말을 해 줄 수 있기 때문이다.

이 사진은 '칭찬낚시' 게임의 예이다. 플레이어는 물고기 위에 미끼의 역할을 하는 지렁이 모양의 젤리를 흔들며 어떠한 칭찬을 해 줄지 생각해 본다.

# 호감과 혐오감
# (Attraction and Repulsion)

**치료 양식**: 개인/집단

**대상**: 4세~성인

**치료 단계**: 중기 작업 단계

**치료 목표**

1. 다른 사람에게 매력 있어 보이는 행동을 인식하고 증진시킨다.
2. 반사회적 행동들을 인식하고 감소시킨다.
3. 사회적 기술을 연습한다.
4. 또래 간에 긍정적인 상호작용의 빈도를 증가시킨다.

**준비물**

–말굽자석

–여러 개의 작은 자석 (또는) Geo-Mag™ 자석 블록 빌딩 세트

### 진행 방법

먼저, 내담자에게 자석이 가지고 있는 힘인 자력에 관해 이야기한다. 두 개의 자석은 강한 끌림을 가져와 서로 붙을 수도 있고, 강한 반발력으로 인해 서로 밀어내기도 한다. 내담자에게 자석과 같은 힘을 가졌다는 사실을 설명한다. 그래서 아동에게 자신의 행동으로 인해 다른 사람을 자신에게로 당길 수도 있고, 밀어낼 수도 있음을 설명해 준다. 치료사는 얇게 펼쳐져 있는 모래 속에 몇 개의 자석을 묻는다. 내담자는 큰 자석을 받는다. 내담자가 큰 자석을 가지고 자력을 이용해 작은 자석을 찾을 때 아동은 타인의 호감을 이끌어 내는 한 가지의 방법을 이야기해야 한다. 반대로 아동이 가진 큰 자석의 자력을 이용해 작은 자석을 밀어냈다면 아동은 타인을 밀어낼 수 있는 한 가지 방법을 이야기한다. 또래를 끌어당기는 행동과 밀어내는 행동의 목록을 각각 작성하도록 한다. 게임을 한 번 하고 난 후, 목록을 검토해 본다. 어떤 행동을 '잘하는지', 어떤 행동이 더욱 많은 연습을 필요로 하는지 내담자와 이야기하도록 한다. 우리가 아는 내담자들은 사회적 결핍으로 고통받고 있으며, 긍정적인 또래 관계를 유지하는 것을 어려워한다. 두 번째 게임에서는 큰 자석이 작은 자석을 밀어내도록 모든 자석을 배열한다. 내담자에게 반발력을 끌어당기는 힘으로 바꿀 수 있는지 물어본다. 내담자는 한 가지 사회적 행동을 수행하거나 이를 이용해 역할극을 해야 한다. 내담자가 이를 확실히 수행한다면(또는 인형이 이를 확실히 수행하도록 했다면) 밀어내는 자석 중의 하나를 반대편으로 돌려놓는다. 그러면 이 자석은 이제 큰 자석 쪽으로 즉시 달라붙게 된다.

### 진행 과정 중 가능한 질문

–모든 자석은 서로 끌어내는 힘과 밀어내는 힘을 가질까?
–너의 경우도 그렇니?
–네가 생각하는 호감을 주는 행동은 어떤 거니?
–네가 생각하는 비호감 행동은 어떤 거니?
–어떤 행동을 연습해 볼 거니?

### 과제

이 게임에서 발견하고 실천했던 호감을 주는 행동 하나를 선택하도록 한다. 하루에 두 번 실천하고, 다른 사람들이 그 행동에 대하여 어떻게 느끼는지 알아보도록 한다. 다음 회기에 이에 관해 이야기할 수 있도록 준비한다.

### 특별 고려사항

사회적 결핍이 극도로 심한 아동이라면 타인에게 호감을 주는 방법을 모를 수 있다. 이 경우 치료사는 적극적으로 참여해 내담자에게 대안 행동을 알려주도록 한다. 이 내담자들은 더욱더 많은 연습이 필요하다.

### 적용 및 수정

이 기법은 집단에서 사용될 수 있고, 각 참여자는 차례로 큰 자석을 가지고 작은 자석을 찾아낸다. 그런 다음 친사회적 행동과 반사회적 행동을 각각 한 가지씩 이야기한다. 집단 치료에서 이 활동을 하면 좋은 점은 내담자들이 짝을 지어 집단 구성원들 앞에서 친사회적 행동에 대한 역할극을 해 볼 수 있다는 것이다.

내가 최근에 발견한 굉장한 소품은 Geo-Mag™ 블록이라는 제품이다. 그것은 플라스틱으로 가공된 부분과 끝에 자석이 달려 있는 많은 막대기를 포함하고 있다. 각각의 세트는 또한 몇 개의 금속 공을 포함하고 있다. 만약에 내담자가 이것을 적절하게 오른쪽 끝부분으로 잘 붙일 수 있다면 믿기 어려울 정도의 모양과 구조를 가진 물체를 만들 수 있다. 이 제품은 많은 조각을 가지고 있기 때문에 집단에서 더 적합할지도 모른다. 이런 도구는 집단 구성원들 사이에서의 협동을 더 촉진할 수 있다.

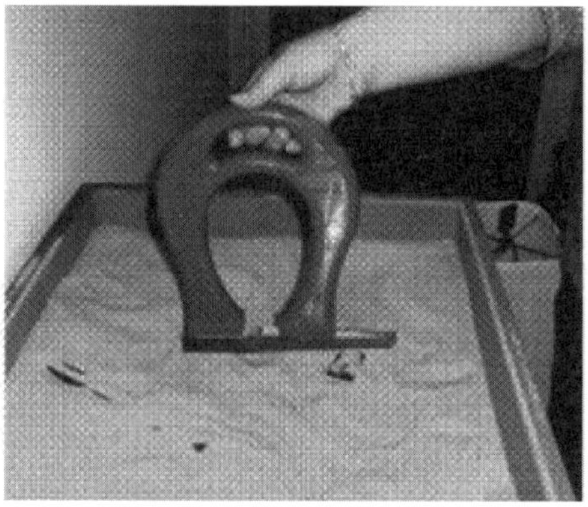

이 사진에서 플레이어는 큰 자석을 가지고 묻혀 있지 않은 자석을 (모래 밖으로) 끌어당기고 있다. 치료사는 내담자에게 타인의 호감을 얻기 위해 사용할 수 있는 한 가지 행동을 말하도록 한다.

제5장

# 분노 조절

(Anger Management)

# 분노 버튼
## (Anger Buttons)

**치료 양식**: 개인/집단/가족

**대상**: 5세~성인

**치료 단계**: 중기 작업 단계

**치료 목표**

1. 분노 유발인자를 알아낸다.
2. 내담자가 분노에 대한 생리학적 반응을 인식하도록 한다.
3. 행동과 감정을 연결시킨다.
4. 먼저, 분노를 조절하는 방법에 대하여 주도권을 가지도록 한다.

**준비물**

–종이나 펠트로 만들어 오려 낸 진저브레드(사람 모양 생강 쿠키)

–다양한 모양과 크기의 단추들

–접착제/실

–마커펜(유성펜)

### 진행 방법

이 기법은 '감정을 폭발하게 만드는' 상황 또는 행동을 내담자가 인지하도록 돕는다. 나는 '분노 방아쇠'보다 '분노 버튼'이라는 단어를 선호하는데, 그 이유는 방아쇠라는 단어가 총을 떠올리게 만들며 아동에게 혼란스러운 메시지를 전달하기 때문이다. 이 기법을 소개하기 위해 먼저 우리를 화나게 하는 것에 대하여 이야기를 나눈다. 내담자에게 "통제할 수 없을 정도의 분노를 느껴 본 것이 있니?"라고 묻는다. 사람들은 누군가 뭐라고 말했을 때 이를 인지하기도 전에 분노에 대한 반응을 보인다. 나는 이러한 상황을 분노 버튼이라고 부른다. 때로는 내 온몸에 버튼이 있고 타인이 하는 일은 그저 그 버튼을 누르는 일뿐인 것 같다. 그리고 버튼을 누르면 감정이 폭발한다. 이러한 일이 일어난 적이 있는지 생각해 본다. 내담자가 자신의 삶에서 이러한 경우의 예를 생각해 내도록 돕는다. "어떤 것들은 나를 정말 화나게 만들기도 하고, 다른 어떤 것들은 단지 짜증나게 해요." 분노의 다양한 정도를 반영하기 위해 다양한 모양과 크기의 단추를 선택하는 것을 보여 준다. 내담자를 상징하는 종이 인형을 주고 인형의 몸 위에 분노 버튼을 배열하도록 한다. 버튼의 자리는 내담자가 분노를 느끼고 있는 신체 부분과 일치할 것이다. 예를 들어, 샐리는 "시험 시간에 누군가가 시끄럽게 해요."라고 말하면서 분노 버튼을 입 위에 올려놓았다. 왜냐하면 이 상황은 그녀를 짜증나게 해서 이를 꽉 물었기 때문이다. 이번에는 "누군가가 나를 비웃었어요."라고 말하면서 또 다른 분노 버튼을 그녀의 손 위에 올려놓았다. 분노 버튼을 손 위에 올려놓은 이유는 분노로 인해 샐리가 누군가를 때리게 되기 때문이다.

분노 버튼을 접착제 또는 실(펠트로 만들어진 인형의 경우)로 단단히 고정시킨 후 치료사는 이 버튼을 누르는 사람에 대하여 이야기를 나누기 시작한다. '버튼이 눌러지도록 하는 활동'은 내담자 자신의 힘을 조절하는 것이라는 점을 알게 하는 훌륭한 방법이다. 또한 이 기법은 감정과 행동 간의 연결고리에 대한 내담자의 인식을 증진시킨다. 이 기법은 다른 분노 조절이나 분노 감소 기술 구축을 위한 훌륭한 출발점이 되어 준다.

### 진행 과정 중 가능한 질문

– 너의 가장 큰 분노 버튼은 무엇이니?

–누군가가 그 버튼을 누르면 너는 보통 어떻게 반응하니?
–너를 짜증나게 하는 버튼은 무엇이니?
–누군가가 짜증나게 하는 버튼을 누르면 보통 어떻게 반응하니?
–대부분의 사람이 너의 분노 버튼에 대하여 잘 알고 있다고 생각하니? 아니면 그 버튼을 보기 어려워하는 것 같니?
–사람들이 너의 분노 버튼들을 누르려고 할 때 그들을 향한 너의 반응을 어떻게 바꿀 수 있니?

### 과제

–분노 버튼들 중 하나를 선택해 '숨기고' 무슨 일이 일어나는지 살펴본다.
–오늘 친구를 관찰해 보고 친구의 분노 버튼들 중 하나를 찾아낼 수 있는지 확인해 보도록 한다.

### 특별 고려사항

아직 글을 쓸 줄 모르는 아동은 도움을 필요로 할 것이다. 또한 활동 중에 작은 부품을 사용하기 때문에 어린 아동이 버튼을 삼키지 않도록 주의 깊게 살펴봐야 한다. 어떤 아동은 분노 문제를 극도로 부정할 수 있다. 이러한 내담자는 종종 완벽주의 경향이 있으며, 화내는 것은 좋지 않다고 배운 아동이다. 이들은 분노 버튼을 점검하기 위해 특별한 도움을 필요로 할 수 있다.

### 적용 및 수정

이 기법은 개인, 집단 및 가족에게 적용 가능하다. 가족 환경에서는 분노 버튼을 만드는 것을 서로 도와줄 수 있다. 가족 구성원 중 누가 다른 가족에게 다가가는 방법을 인지하고 있는지, 누가 다른 가족의 분노 버튼에 대하여 모르고 있는지 깨닫게 되는 것은 흥미롭다. 가족의 분노 패턴(세대 간 문제) 또한 이 활동을 통해 평가 가능하다. 이 기법은 자신의 감정과 행동에 대하여 책임지는 것을 어려워하는 내담자에게 특히 유용하다. 예를 들면, 매일 싸움을 하거나 항상 "친구들이 절 밀었어요."라고 말하는 아동이다. 이 아동의 경우 자신의 분노 버튼을 나열하는 것을 재미있어 할 것이다. 그러나 곧 힘을 조절하는 방법인 '다른 사람이 너의 버튼을 누르도록 하기'에 대하여 이야기 나누면서 인식의 전환이 일어나기 시작한다. 이는 분노의 감정과 행동으로 인한 결과에 대한 책임을 받아들이는 첫 번째 단계가 되어 준다.

남자 아동의 경우, 사람 모형 대신 로봇 모형을 사용하는 것도 좋다. 남자 아동은 일반적으로 로봇을 좋아하기 때문이다. 또한 남자 아동은 컴퓨터와 관련하여 이야기를 나눌 때 '버튼'이 지닌 비유의 의미를 좀 더 쉽게 이해할 것이다.

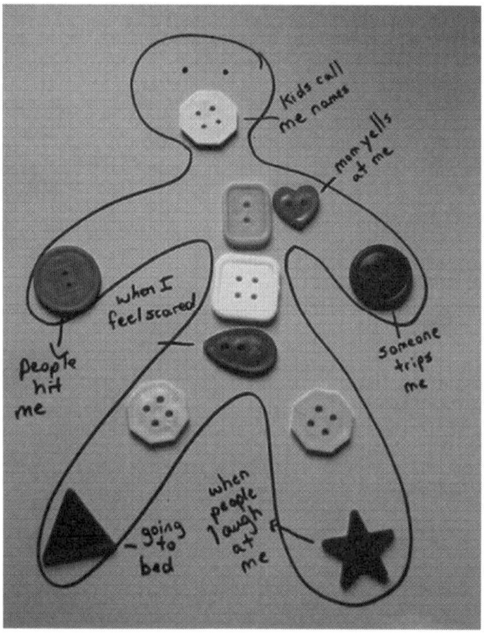


이 사진은 '분노 버튼' 활동을 보여 주는 예이다. 버튼이 놓인 몸의 부분은 아동에게 중요한 의미를 지닌다. 예를 들어, '취침하러 가요 버튼'과 '사람들이 나를 보고 웃을 때의 버튼'은 이 사람의 발에 놓여 있다. 이 아동의 경우 앞의 경우와 같은 상황에서 화가 난다면 발을 차는 것으로 반응할 것이다.

# 불어, 터뜨려!
## (Blow It Up, Blow It Out!)

**치료 양식**: 개인/집단/가족

**대상**: 3세~성인

**치료 단계**: 중기 작업 단계

**치료 목표**

1. 분노의 다양한 정도에 대하여 인식한다.
2. 감정과 행동에 대한 생각과 상황을 연결시킨다.
3. 내담자의 분노 폭발에 대한 빈도와 정도를 감소시킨다.
4. 분노의 감정을 내부에 억제하면서 생겨난 내적 압력을 카타르시스를 통해 완화시킨다.

**준비물**

–길고 얇은 풍선

–큰 판지로 만든 온도계

**진행 방법**

먼저, 분노를 다양한 정도의 격렬함으로 경험할 수 있다는 개념을 소개한다. 내담자에게 온도계를 보여 주고, 분노가 치솟는 것과 온도가 올라가는 것을 비교해 보도록 한다. 온도계에 몇 개의 지점을 표시하고 분노의 다양한 정도를 반영하는 단어들이 적힌 스티커를 붙이도록 한다. 예를 들면, 18℃에는 '화가 난' 또는 '짜증난'과 같은 단어들을 붙이고, 30℃에는 '미친' 또는 '화난'이라는 단어를, 38℃에는 '격분한' 또는 '몹시 화난'과 같은 단어를 붙인다. 온도계 옆에 있는 길고 얇은 풍선 한 개의 끝을 잡고 이것을 온도계처럼 사용하여 분노의 다양한 강도만큼 풍선을 부풀릴 것이라고 설명해 준다.

각 라운드에서 사용될 수 있는 분노의 지시어를 만들어 놓도록 한다. "나는 사람들이 내 차 쪽으로 끼어들었을 때 짜증나."라고 말하며 풍선에 공기가 조금 많이 들어가도록 풍선을 분다. 풍선을 부풀린 후 모든 사람이 볼 수 있도록 풍선을 잡고 잠시 그 상황에 대하여 다시 생각하는 척한다. 그런 다음 풍선 안의 공기가 약간 빠지게 한다(이때 풍선의 길이가 줄어들어야 한다). 그러고 나서 "그래, 나는 사람들이 내 차 쪽으로 끼어들었을 때 짜증이 많이 났었어."라고 말한다. 이제 각 내담자는 차례로 "나는 ~할 때 짜증나."로 시작하는 문장을 만들고, 풍선을 조금 불도록 한다. 모든 내담자는 총 3라운드의 풍선 불기를 하게 된다. 두 번째 라운드를 위한 지시문은 "나는 ~할 때 화가 나."이고, 세 번째 라운드를 위한 지시문은 "나는 ~할 때 몹시 화가 나."이다. 세 번째 라운드가 끝날 때쯤 모든 풍선은 최고로 부풀어 있을 것이다. 각 내담자는 자신을 화나게 만든 어떤 것을 고르고 그것을 풍선에다 적는다. 분노 문장을 말하고 풍선을 불 때마다 어떤 일이 일어났는지 이야기해 본다. 내담자에게 "분노는 지금 어디에 있나요?"라고 묻는다. 내담자는 보통 "풍선 안에 있어요."라고 대답할 것이다.

집단의 구성원에게 분노를 표출하는 방법을 결정하라고 권유한다. 대부분의 내담자는 풍선 터뜨리기를 좋아한다. 이를 선택한 내담자는 풍선에 적은 분노 문장을 크게 말하고 그 풍선을 하나씩 터뜨리도록 한다. 나머지 구성원들은 그것을 바라보는 역할을 한다. 일부 내담자는 풍선이 터질 때까지 풍선을 깔고 앉거나 발로 밟기를 원할 수도 있다. 종종 풍선을 집으로 가져가 선반 위에 올려놓고, 분노가 저절로 새어나가기를 원하는 내담자도 있다. 내담자로 하여금 풍선 안의 분노를 제거하는 방법을 결정하도록 하는 이 방법은 대부분의 상황에서 내담자가 분노를 다루는 방식을 정확하게 보여 준다.

### 진행 과정 중 가능한 질문

–삶에서 다른 강도의 분노들을 어떻게 구별하니?
–네가 짜증났을 때, 화났을 때, 격분했을 때 신체는 무엇을 하겠니?
–너를 더욱 화나게 만드는 상황은 어떤 거니?
–분노를 없애기 위해 어떤 방법을 선택했니? 보통 어떻게 분노를 다루니?

### 과제

이번 주에 언제 화가 나는지 기록하도록 한 후, 다른 강도의 분노들을 구별하도록 노력하게 한다. 누군가에게 감정을 설명할 때 적어도 한 번은 일반적이지 않은 단어를 사용하여 분노를 설명하도록 한다.

### 특별 고려사항

어린 아동이라면 풍선 불기를 어려워할 수 있다. 이런 아동을 위해 휴대용 풍선 펌프를 준비해 놓는 것이 좋다. 관심을 끌려고 하거나 충동적인 성향의 내담자는 풍선 만들기를 시도할 때 비명을 지르거나 '우발적으로' 그 풍선을 터뜨릴 수도 있다. 이러한 상황을 막기 위해 내담자에게 풍선은 각자 한 개씩만 받을 수 있으니 조심해서 다루라고 분명히 이야기한다. 순조로운 진행을 위해서 소리를 지르지 않고 풍선을 가지고 있는 아동이 각 라운드마다 첫 번째로 시도하도록 한다.

### 적용 및 수정

이 기법은 집단에 적절하다. 대부분의 내담자들은 분노에 대한 자신만의 경험이 있기 때문이다. 내담자들이 네 가지의 분노 문장을 만들면서 이야기하다 보면 각자가 겪었던 분노 사건들이 다시 생각나게 된다. 또한 아동이 그 행동을 목격하는 역할을 하는 경우 분노를 제거하는 부분에서 더 강한 힘을 느끼도록 돕는다.

이 기법은 개인에게도 적용 가능하다. 또한 학대 피해자에게도 적용할 수 있는데, 이때 피해자는 가해자와 관련된 다른 강도의 분노를 처리하게 된다. 이런 경우에 풍선을 집으로 가지고 가서 분노의 감정을 천천히 표출하도록 하는 것이 도움이 된다. 이는 (풍선이 터지는 것과 같이 피해자로 하여금 한 번에 분노를 표출하도록 압박하는 비유와는 반대로) 피해자의 현실 대처법을 그대로 반영하기 때문이다.

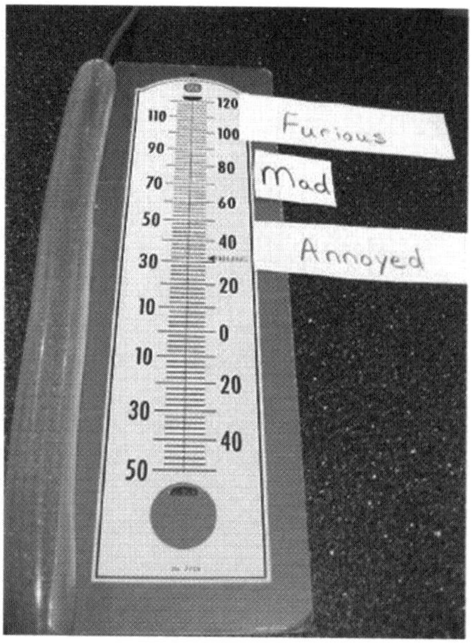


이 사진은 이 활동에서 사용된 온도계를 보여 준다. 다양한 온도마다 다양한 분노의 표현이 적혀 있다. 왼쪽에 놓인 풍선은 "나는 매우 화가 났어(furious)."를 포함하는 3단계의 분노 문장 말하기가 이루어졌음을 보여 준다.

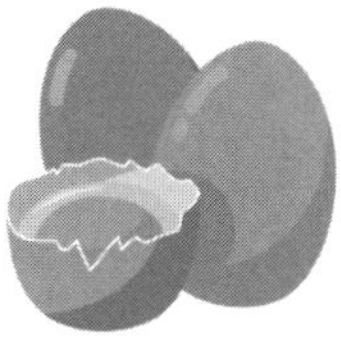

# '너무 짜증나……' 계란 던지기
## ("I'm Sick of…" Eggs)

**치료 양식**: 개인/집단

**대상**: 3세~성인

**치료 단계**: 중기 작업 단계

**치료 목표**

1. 분노 유발인자를 확인한다.
2. 운동 감각적인 동작을 포함하는 동시에 분노를 언어로 표현한다.
3. 분노의 카타르시스를 경험한다.

**준비물**

–플라스틱 시트
–요리하지 않은 달걀
–마커펜(유성펜)

### 진행 방법

이 활동은 분노를 표출하는 연습으로 매우 적절하다. 그리고 주의 깊게 진행한다면, 내담자는 즉각적인 분노 자극과 관련한 카타르시스를 경험한다. 나는 학교에서 치료사로 근무하고 있을 때 이 기법을 만들어 냈다. 그 시기는 시험 주간이었고, 학습장애를 가진 대부분의 내담자들은 극도로 긴장한 상태였다. 이 기법은 그들에게 "그것들은 해결됐어."라며 긴장감을 풀어 주고, 다음 날에 있을 시험을 준비하게 했다. 아동에게 우리는 모두 '짜증 날' 경우가 있다고 설명해 준다. '짜증이 나면' 우리는 그로 인해 화가 난다. 이 화를 억제하면 곪아 터지고, 우리의 행동에 영향을 준다. 그렇기 때문에 우리는 이 감정을 발산하는 연습을 해야 한다. 내담자에게 요리하지 않은 달걀은 조심히 다루어야 한다고 말하고, 모두에게 한 개의 달걀을 준다(내담자가 마지막까지 활동에 참여하기 위해서 달걀을 너무 일찍 깨거나 부수지 않도록 유지시켜 줘야 한다). 내담자는 이제 마커펜(유성펜)과 달걀을 받아 '짜증난' 일을 달걀 위에 적어야 한다. 대부분은 "나는 앉아 있는 게 짜증 나요." "시험 보는 것이 짜증 나요." "작은 동그라미 안을 채우는 것이 짜증 나요."라고 적었다. 이제 차례로 "짜증 나."라고 크게 외치며, 플라스틱 시트를 향해 달걀을 던져 깨뜨리도록 한다. 이 활동에서는 특별히 "짜증 나."라는 문장을 외치도록 한다. 이렇게 외치는 것은 카타르시스를 경험하게 할 뿐만 아니라 언어를 행동과 연결시키게 된다. 단지 달걀을 깨뜨리는 것만으로도 공격성을 긍정적으로 표현할 수 있다. 활동을 다한 후에 내담자와 함께 이 활동에 대하여 정리해 보도록 한다.

### 진행 과정 중 가능한 질문

-달걀을 깨뜨렸을 때 어떠한 느낌이 들었니?
-지금 기분은 어떠니?
-달걀에 분노를 적고 그것을 깨뜨리고 싶을 때나 상황이 있었니?
-분노를 안전하게 표출할 수 있는 다른 방법에는 무엇이 있겠니?

### 과제

다음 시간에 화가 나게 되면 그 감정을 달걀에 적고 벽을 향해 던져 박살 내는 흉내를 내 보도록 한다. 그때 분노와 행동에 어떠한 일이 일어났는지 다음 시간에 이야기하도록 한다.

### 특별 고려사항

매우 충동적인 아동은 자신의 차례가 와 달걀을 던질 때까지 달걀을 가만 놔두지 못한다. 또한 달걀을 깨뜨리는 것은 치료실에서는 가능하지만 집에서는 할 수 없다는 것을 명확히 알려 주어 아동에게 분명한 한계를 설정해 주는 것이 매우 중요하다. 우리가 소개한 기법으로 내담자가 곤란해지는 것을 원치 않기 때문이다.

### 적용 및 수정

이 기법은 개별과 집단 환경에서 사용될 수 있다. 학대 경험과 관련된 분노를 다루는 개별 치료에도 수정 및 적용이 가능하다. 아동은 부모님, 선생님, 또래들과 관련된 분노를 처리할 수 있다. 가족 구성원의 죽음 또는 만성 질환과 관련된 분노를 달걀에 '쓰고' 깨뜨릴 수 있다. 어떠한 종류의 방식을 사용하든지 간에 분노 표출과 관련하여 중요하게 고려해야 할 사항은 분노 표출이 허용되는 때와 장소에 대하여 명확한 한계를 유지하는 것이다. 아동이 집에 가서 엄마가 사다 놓은 달걀을 새 소파에 던져 박살낸다면 심각한 결과가 생길 수도 있다. 그렇기 때문에 이 놀이가 어디에서나 가능한 것이 아니며 이곳에서만 할 수 있다는 것을 알려 주고, 만약 집에서 하고 싶다면 '어떤 다른 종류의 것들을 할 수 있을지'를 찾아본다. 이 기법은 다른 분노 감소 기법들을 위한 훌륭한 출발점이 될 수 있을 뿐만 아니라 분노 조절 프로그램에서도 사용될 수 있다.

# 털어 버려!
# (Shake It Off)

**치료 양식:** 개인/집단/가족

**대상:** 5세~성인

**치료 단계:** 중기 작업 단계

**치료 목표**

1. 갈등해결 전략을 행동으로 옮긴다.
2. 분노 반응을 통제할 수 있도록 내담자에게 힘을 부여한다.
3. 감정을 고조시키는 상황의 단서를 발견하고 이를 피할 수 있도록 내담자를 훈련시킨다.
4. 또래 친구와의 관계에서 발생하는 말다툼의 빈도와 강도를 감소시킨다.

**준비물**

–젤리로 만들어진 끈끈이 손 막대(sticky hands)

**진행 방법**

이 기법은 아동이 즐길 수 있는 치료적 비유를 만들어 내고 엄청난 잠재력이 있는 소품을 발견하는 과정에서 만들어진 또 하나의 산물이다. 끈끈이 손 막대는 단단한 젤리로 만든 제품이다. 이것과 비슷한 형식의 제품은 팔과 다리가 있는 끈끈이 젤리 공이다. 치료사는 종종 아동이 분노를 표출할 수 있도록 하거나 가해자에 대한 분노를 행동으로 발산할 수 있도록 하기 위해 이 끈끈이 젤리 공을 벽을 향해 던지도록 한다. 이 손들은 서로 닮아 있고, 끈끈이 젤리는 손에 길고 마른 팔이 달라붙은 것처럼 보이는 긴 꼬리가 달린 손바닥을 편 모양이다.

이 기법은 싸움을 유발할 수 있는 친구와의 상호작용을 내담자가 인식하고 '창피를 당하는 일' 없이 싸움에서 물러날 수 있도록 도와준다. 먼저, 학교에서 항상 말썽에 말려드는 한 소년에 대한 이야기를 들려준다. 치료사는 "학교에서 누군가가 매일 그를 놀리고 괴롭혔어. 그리고 싸움을 걸기도 했지. 그것을 안 부모님은 그들을 무시하라고 이야기하셨어. 어린 소년은 그렇게 해 봤어. 그러나 효과가 없었어. 소년이 괴롭힘을 무시할 때마다 그들은 더 큰 목소리로 소년을 괴롭혔지. 소년은 더 이상 어떻게 해야 할지 몰랐어."라고 이야기한다. 이렇게 원치 않지만 누군가에게 '괴롭힘을 당하는' 상황이 있다는 것을 설명해 준다. 친구가 내담자의 엄마에게 '뚱뚱하다' '못생겼다'라고 놀리는 경우는 사실 그 말을 이용해 내담자를 싸움에 끌어들이려는 시도라는 것을 설명해 준다. "너를 갈구어서 괴롭히는 것이 첫 번째 목적이고, 네가 분노를 일으키도록 하는 것이 두 번째 목적이야. 너를 갈구는 것은 쉬워. 괴롭히기 위해 그저 비열한 말을 내뱉기만 하면 되지. 하지만 넌 거기에 얽매여서는 안 돼. 만약 네가 거기에 반응한다면 괴롭히는 사람이 너를 지배하게 되는 거야. 우리는 싸움을 피하기 위해 그들의 악의적인 말에 얽매였다가 떨쳐 버리는 연습을 하는 거야."라고 이야기한다. 이제 내담자를 싸움에 끌어들이는 친구의 말 몇 가지를 예로 들어 달라고 요청한다.

치료사와 내담자는 한 발 또는 두 발 정도의 거리를 두고 서도록 한다. 치료사는 끈끈이 팔의 한쪽 끝을 잡고 다른 곳을 향해 낚싯대처럼 던진다. 이것을 던질 때 내담자의 팔, 어깨, 다리 등에 달라붙도록 던져 내담자가 잡을 수 있도록 한다. 끈끈이 손 막대를 '던지는' 동안 내담자를 '괴롭히는 상황' 하나를 만들도록 한다. 일단 끈끈이 손 막대가 내담자의 몸에 달라붙었다면 내담자는 그 상황을 완화시킬 수 있는 언어적 반응을 해야 한다(내담자는 그러한 반응을 만들어 내기 위해 치료사로부터 많은 도움을 필요로 할 것이다). 일단 내담자가 설득력 있게 들리는 언어적 반응을 했다면, 내담자는 끈끈이 손 막대를 털어 버리기 시작한 것이다. 이제 역할을 바꾸어 내담자가 끈끈이 손 막대를 치료사에게 '던지면' 치료사는 자신을 괴롭히는 말에 '얽매이지 않을 수 있는' 반응을 만들어 낸다.

### 진행 과정 중 가능한 질문

- 너의 감정을 상하게 하는 단어는 무엇이니? 그리고 싸움으로 끌어들이는 것은 무엇이니?
- 친구들이 심술궂은 말을 했을 때 그들은 무슨 일이 일어나기를 원하는 것이겠니?
- 끈적거리는 손에서 풀려나기 위한 가장 좋은 방법은 무엇이니?
- 친구들이 심술궂은 말로 너의 감정을 상하게 할 때 떨쳐 버리려면 무엇을 하면 되겠니?
- 너의 삶에서 악의적인 말을 떨쳐 버리기 쉬울 때는 언제니?

### 과제

끈끈이 손 막대를 집으로 가지고 가서 부모님 또는 양육자에게 누군가 말로 기분 나쁘게 할 때 '떨쳐 버리는' 방법을 가르쳐 주도록 한다. 그리고 하루에 한 번씩 이를 연습하도록 한다. 이렇게 했던 자신의 반응이 다른 사람의 행동에 어떠한 영향을 주는지 다음 시간에 이야기할 수 있도록 준비한다.

### 특별 고려사항

아주 어린 아동에게는 이 기법이 어려울 수 있다. 이 활동은 다양한 문장의 구성과 연습이 필요하기 때문이다(그리고 그 언어는 아주 어린 아동에게는 복잡하다고 느껴질 것이다). 아동은 단순한 '무시'보다 친구들에게 대처하기 위한 더욱 많은 전략을 필요로 한다. 무시가 강력하면서도 효과적인 도구일 수 있지만 아동은 그것을 지속적으로 사용할 수 없다. 왜냐하면 자신을 괴롭히는 상황에서는 대부분 급한 성격과 충동적인 반응을 하기 때문이다. 이 경우 떨쳐 버릴 반응을 만들어 낼 시간을 벌어 주기 위해 아동은 끈끈이 손 막대 기법을 하기 전에 '멈춰서 생각하기' 또는 심호흡하기 등을 연습해야 한다.

**적용 및 수정**

아주 어린 아동은 기법을 쉽게 변형해야 도움을 받을 수 있다. 이 경우에는 끈끈이 손 막대가 친구의 '괴롭히는' 말이라고 알려 준다. 하지만 어린 아동의 경우 대적 훈련은 좀 더 행동적이다. 어린 아동은 물리적인 상황에서 벗어나 선생님의 도움을 받음으로써 '털어 버려' 훈련을 받을 수 있다.

이 기법은 또한 집단을 위해서도 변형 가능하다. 각 구성원은 끈끈이 손 막대를 받는다. 그리고 치료사는 내담자에게 짝을 지어 준다. 둘 중 한 명씩 누군가의 심술궂은 말로 '괴롭히는' 상황을 만들고, 이럴 때 '창피를 당하지 않고서도' 해결할 수 있는 방법을 같이 찾도록 한다. 각 조는 모든 구성원 앞에서 역할극을 수행하고, 그 후 역할극에 대하여 이야기를 나누어 본다.

위 사진의 끈끈이 손 막대는 여러 종류의 끈끈이 손 막대 중 한 가지이다. 이 막대기는 다양한 색상과 크기로 되어 있다. 또한 저렴하기 때문에 집으로 가져가서 떨쳐 내기를 할 수 있다. 아래 사진은 끈끈이 손 막대에 의해 '얽매인' 상태를 보여 주는 것이다.

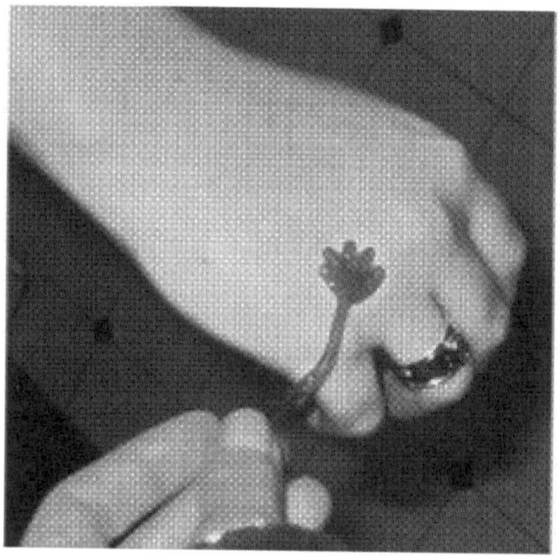

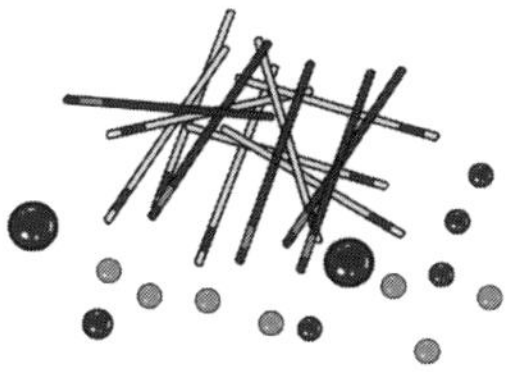

# 막대기를 집어 보자!
## (Pick Up Sticks with Attitude)

**치료 양식**: 개인/집단/가족

**대상**: 5세~성인

**치료 단계**: 중기 작업 단계

**치료 목표**

1. 안정을 주는 자기 대화를 실행하도록 한다.
2. 좌절에 대한 내담자의 자기 보고를 감소시킨다.
3. 분노 폭발의 빈도와 강도를 감소시킨다.
4. 좌절에 대한 내담자의 내성을 확장한다.

**준비물**

–픽업 스틱(Pick-Up Sticks™) 게임

–보상이 들어 있는 보석 상자

**진행 방법**

이 기법은 집단 환경에서 가장 많이 사용되고 있다. 이 기법은 내담자가 안정에 도움이 되는 긍정적인 자기 대화를 실행하게 하면서 동시에 자신의 좌절을 제어하는 방법을 익히고 게임을 계속할 수 있도록 돕는 데 효과적이다.

먼저, '픽업 스틱' 게임을 꺼내고 게임의 규칙을 설명한다. 이 게임은 막대기를 옮겨야 하는 게임이며, 게임에서 자기 차례에 다른 막대기의 빼내기를 시도하다가 막대기가 움직이면 다른 사람으로 차례는 넘어간다. 이때 내담자는 실수를 한 것이며, 막대기 때문에 실수를 하고 화가 난 것처럼 가장하도록 한다. 내담자에게 치료사가 어떠한 반응을 할지 추측해 보도록 한다. 내담자는 치료사가 '화가 엄청 많이 나거나' '게임을 그만 둘 것'이라고 대답할 것이다. 게임에서 이기지 못할 때 우리가 종종 어떻게 즐거운 상황을 멈추는지, 또 그로 인해 이 게임을 망치고 우정도 상할 수 있다는 사실을 설명해 준다. 자신의 실수로 게임의 차례를 놓치게 될 때 내담자가 자동적으로 하게 되는 생각들에 대하여 이야기를 나눈다. 아마도 "나는 잘하지 못해." "나는 어떤 것도 잘할 수 없어." "난 항상 엉망이야."라는 메시지들일 것이다.

이 게임의 목적은 내담자가 실수를 하더라도 이 게임에 끝까지 계속 참여하는 것이라고 설명해 준다. 다른 막대기들을 움직이지 않고 게임을 마쳤을 때 막대기들을 얻게 된다. 그러나 내담자가 게임에 계속 참여하도록 돕는 긍정적인 자기 대화의 문장을 큰 소리로 외친다면 보상을 얻을 수 있다. "잘하고 있어! 나는 다음 기회에 다시 도전할 거야." "나는 아직 배워 가고 있는 중이야." "이길 때도 있고 질 때도 있는 거야."와 같은 말들을 말할 수 있도록 돕는다. 게임이 끝날 때 얻은 막대기의 개수만큼 상으로 보상해 준다.

**진행 과정 중 가능한 질문**

- 실수(좌절)했을 때 처음으로 생각하게 되는 것은 무엇이니?
- 실수를 한 후에 어떤 감정이 들었니?
- 너의 생각과 감정은 어떻게 연결되어 있겠니?
- 게임을 계속할 수 있도록 도와주는 대체 생각에는 무엇이 있겠니?
- 이 대체 생각을 말한 후에 어떻게 느꼈니?
- 삶의 다른 부분에서 이 새로운 기술을 어떻게 사용할 수 있겠니?

### 과제

다음 시간까지 숙제를 하거나, 게임을 하거나 또는 일상적인 상황에서 짜증 나는 일이 있을 때 이 활동에서 사용했던 문장들 중 하나를 짜증이 가라앉을 때까지 사용해 보도록 한다.

### 특별 고려사항

심한 분노 발작을 보이는 내담자, 극도로 충동적인 내담자는 치료사와 함께하는 개별 회기에서 이 활동을 하는 것이 좋다. 신체적 안전이 요구되는 정신 병원 같은 환경이라면 끝이 날카로운 막대기 대신에 양 끝에 둥근 공이 달려 있는 막대기로 대체해서 사용하도록 한다.

### 적용 및 수정

이 기법의 변형은 내담자들의 자아 존중감 향상을 위한 것이다. 이 게임의 이름은 '픽 미 업(Pick Me Up)'으로 참가자가 막대기를 집을 때마다 자신에 대한 긍정적인 말을 해야만 한다. 기존의 기법과 변형된 기법 모두 집단 환경에서 사용할 수 있다. 기존 방식은 내담자가 스스로 화가 나거나 좌절감을 경험했을 때조차도 게임에 끝까지 참여할 수 있도록 문장 목록을 함께 만들어 가는 것이다. 변형된 게임 방식은 내담자들이 막대기를 집을 때마다 다른 집단 구성원들에 대한 긍정적인 말을 하는 것이다. 집단 구성원은 서로 눈맞춤하며 격려해 주어야만 한다. 다른 집단 구성원으로부터 칭찬을 들은 참가자는 "고마워."라고 말해야 하며, 격려해 준 참가자는 "천만에."라고 대답해야 한다. 이는 의사소통에 있어서 긍정적인 말을 주고받도록 하는 데 도움이 된다.

# 오이처럼 차가운
## (Cool as a Cucumber)

**치료 양식**: 개인/집단/가족

**대상**: 3세~성인

**치료 단계**: 중기 작업 단계

**치료 목표**

1. 스트레스 반응의 빈도와 지속 시간을 감소시킨다.
2. 두려움과 분노를 감소시키기 위해 이완 훈련을 실시한다.
3. 자신의 몸을 돌보도록 내담자를 교육시킨다.
4. 내담자가 '침착한'에 대한 명확한 이미지를 갖도록 한다.

**준비물**

– 얼린 오이(얇게 썬 오이)
– 포장된 '오이 눈 마스크(cucumber eye pads)'
– 오이 향 로션

### 진행 방법

이 활동은 남자 아동보다 여자 아동이 더 좋아한다. 먼저, 내담자에게 '오이처럼 차가운(Cool as a Cucumber)'이라고 말하며 활동을 소개한다. 몇몇 내담자는 이 표현을 들어본 적이 있다고 하면서 그 말은 화가 나는 상황에서 침착해지는 것을 의미하는 것이라고 이야기할 것이다. 이 개념에 대하여 가르쳐 주고, 그들 주변에 혼란, 싸움, 흥분으로 가득 찬 순간에도 누군가는 '오이처럼 차가운' 것과 같이 대단히 침착한 상태로 있는 그림을 그려 보도록 한다. 오이는 두꺼운 껍질이 있고, 이로 인해 중간의 차가운 부분이 보호될 수 있다고 설명해 준다. 내담자에게 얇게 썬 오이를 준다. 그런 다음 내담자에게 피부 관리실에서 사용하는 것처럼 '치료제'로서 '소중하게 다루라고' 설명해 준다. 오이 눈 마스크를 사용하기 위해 내담자는 눈을 감아야만 한다. 내담자는 눈을 감음으로써 근육 이완과 심호흡을 연습할 수 있는 좋은 기회를 갖게 된다.

내담자에게 오이 로션 치료를 좋아하는지 물어본다. 이 치료는 피부에서 좋은 향기가 나게 해 주고 부드러운 느낌을 주며 동시에 피부도 '좋게' 해 준다. 이로 인해 나를 화나게 하는 타인의 말도 여유 있게 넘길 수 있게 된다(내담자가 이 로션을 알게 되면 여러 회기에서 로션 치료를 해 달라고 요구할 수도 있다). 치료사는 내담자에게 어디에 로션을 바르기를 원하는지 물어야 한다. 이 활동은 피부 접촉을 하기 때문에 부모 또는 양육자와 하는 것이 좋다. 또한 나중에 부모에게 보여 주기 위해 녹화하는 것도 고려해 볼 수 있다. 치료가 끝나면 주변은 혼란스럽지만 침착해져야 하는 상황에 관해 역할극을 하도록 한다. 이러한 상황의 예로는 가정 폭력이 있다.

### 진행 과정 중 가능한 질문

–'오이처럼 차가운'은 무엇을 의미하는 것 같니?
–눈 위에 마스크를 올려놓은 동안 네가 사용한 이완 전략은 무엇이었니?
–누군가가 로션을 발라 주었을 때 느낌이 어땠니?
–너의 생활 속에서 '오이처럼 차가운' 활동이 도움이 될 때는 언제니?

### 과제

잠자리에 들기 전, 놀이치료실에서 눈 마스크를 하고 있는 자신의 모습을 상상한다. 심호흡을 하며 근육의 긴장과 이완을 번갈아 한다. 만약에 부모가 도움을 줄 수 있다면 매일 아동에게 오이 로션을 발라 주도록 한다. 이는 아동을 화나게 하는 말이 더 이상 깊게 침투할 수 없다는 메시지를 비유적으로 전달한다.

#### 특별 고려사항

오이 또는 특정 로션을 사용할 때 내담자의 알레르기 반응과 관련하여 보호자와 논의해야 한다. 학대 피해자인 내담자라면 치료사와 있을 때 눈을 감는 것에 대하여 강한 불안감을 느낄 수 있다. 또는 과거의 폭행으로 인해 자신의 몸을 만지는 것을 원하지 않을 수도 있다. 이 경우에는 아동의 영역을 존중해 준다. 이러한 우려들은 활동이 진행되는 동안 치료실 안에 아동을 지지해 주는 양육자가 함께 한다면 해결될 수 있다. 또한 아동은 눈을 뜬 채로 스스로 로션을 바르기로 결정 내릴 수도 있다.

#### 적용 및 수정

이 기법을 학대 피해자에게 적용하는 것이 어렵다고 이야기했지만, 학대 피해 아동에게는 긍정적인 접촉이 다른 어떤 아동보다 더욱 필요하다는 것이 나의 확고한 의견이다. 이완 훈련이 결합된 이 활동은 내담자를 보살펴 주는 동시에 내담자의 욕구를 만족시켜 주는 특성을 가지기 때문에 학대 피해자에게도 사용할 수 있는 완벽한 기법이다.

이 기법은 또한 가족에게도 사용 가능하다. 가족 구성원 중 한 명이 다른 구성원에게 로션을 발라 준다. 모든 가족 구성원이 이 경험을 할 때까지 활동을 계속한다. '오이처럼 시원한'이라는 표현은 스트레스를 받는 상황에서 가족 구성원들에게 감정의 고조에 차분히 대처하고 침착함을 유지하는 대처 방안을 상기시키는 가족의 지시어로 사용할 수 있다.

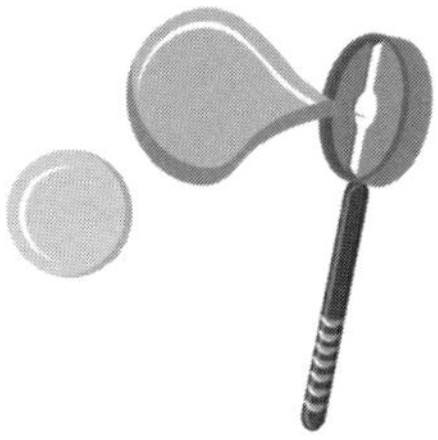

# 떨어지는 비눗방울 (The Bubble Fall)

**치료 양식:** 개인/집단/가족

**대상:** 3세~성인

**치료 단계:** 중기 작업 단계

**치료 목표**

1. 스트레스 반응의 강도와 지속 기간을 감소시킨다.
2. 이완 훈련하는 데 도움이 되는 핵심 사항을 내담자에게 알려 준다.
3. 심호흡을 연습하도록 한다.
4. 근육의 긴장과 이완을 점진적으로 연습하도록 한다.

**준비물**

- 비눗방울
- 잔잔한 음악

### 진행 방법

이 기법은 매우 간단하면서도 마음을 진정시키는 데 효과적이다. 내담자와 치료사가 신뢰관계를 형성하는 치료의 초기 단계 후 치료사는 내담자에게 특별한 이완 운동을 소개하며 시작할 수 있다. 나의 경험에 의하면, 어린 아동은 이완 기술을 자유롭게 사용하는 것을 어려워한다. 상상력을 발휘해서 이완 기술을 사용할 수 있는 아동도 있고, 안 좋은 경험들로 인해 트라우마의 이미지들에 시달리는 아동도 있다. 또한 가정에서의 학대로 인해 눈을 감았을 때 안전하다고 느끼지 못하는 아동도 있다. 마음속에 내재된 이 여러 요인으로 인해 나는 이완 활동을 하는 데 비눗방울을 사용했다.

먼저, 아동에게 의자에 기대어 앉기, 바닥에 눕기 등의 편안함을 주는 자세를 취하도록 요청하며 활동을 시작한다. 잔잔한 음악을 틀고 내담자가 이 음악에 집중하도록 한다. 비눗방울을 불기 전 비눗방울들이 아동 주변으로 떨어지지 않도록 주의해야 한다. 내담자가 해야 할 일은 간단하다. 떨어지는 비눗방울 중 하나를 선택하고, 그 비눗방울이 떨어지는 것을 바라보는 것이다.

이 기법은 내담자가 바닥에 누울 수 있다면 좀 더 특별한 효과를 발휘한다. 누워 있으면 비눗방울이 높은 곳에서부터 떨어지며, 비눗방울이 터지는 그 지점까지 천천히 비눗방울을 관찰할 수 있기 때문이다. 그리고 이 비눗방울은 아주 부드럽게 아동의 위로 내려앉게 된다. 집중하기 어려운 아동이나 다른 이완 훈련 동안 꿈틀거리는 아동이라도 비눗방울이 떨어지는 활동 중에는 꼼짝 않고 앉아 있을 수 있다. 이는 이완 과정에 시각적 자극이 제공되기 때문이다. 치료사는 비눗방울이 떨어지는 동안 내담자 몸 전체 근육의 긴장과 이완 운동을 시킬 수 있다. 만약 이 기법이 종종 실행된다면, 내담자는 긴장 완화 행동을 위해 시각 자극으로써 '비눗방울'을 연상하기 시작할 것이다.

### 진행 과정 중 가능한 질문

–비눗방울이 터질 때까지 비눗방울을 관찰할 수 있겠니?

–비눗방울이 떨어지는 것을 봤을 때 어떠한 감정이 들었니?

–비눗방울을 쳐다보면서 다른 것들을 생각할 수 있었니? 생각할 수 있었다면 그 이유는? 아니라면 그 이유는 무엇이니?

–비눗방울이 떨어지고 있다고 가정하는 것이 도움이 될 상황은 언제겠니?

### 과제

다음 주에 매일 밤 잠자리에 들 때 이완을 시도하면서 1분 동안 비눗방울이 떨어진다고 생각하도록 한다(만약 집에 아동을 잘 돌봐 주는 양육자가 있다면 아동이 잠자리에 들기 전에 이완을 하는 동안 부모로 하여금 1~3분 동안 규칙적으로 아동의 몸 위에 비눗방울을 불어 주도록 할 수 있다).

### 특별 고려사항

어떤 유형으로든지 학대의 경험을 가지고 있는 아동은 이완 활동에 어려움을 가질 수 있다. 이는 과거 생존을 위해 자신을 지켜야 하는 상황에서 경계를 느슨하게 하는 것과 같은 느낌을 주기 때문이다. 이러한 아동의 경우에는 이 치료 기법을 치료 과정 후반부에 적용하도록 한다.

### 적용 및 수정

이 기법은 반복하여 사용 가능하다. 이는 아동에게 두려움, 분노 폭발, 걱정, 취침시간 등을 극복할 수 있게 하는 일종의 무기가 될 수 있다. 이 기법은 (특히 트라우마 치료가 끝났을 경우) 내담자가 '현실'로 돌아가기 위한 준비를 하는 데 도움이 되도록 매 회기 마지막 활동으로 포함시킬 수 있다.

이 기법은 아동이 하루에도 여러 번 감정의 고조를 경험하게 되는 학교 환경에서 적용할 때 특히 효과적이다. 치료사와 내담자는 비눗방울을 재빨리 시각화할 수 있도록 도울 '암호'를 제안할 수 있다. 떨어져 내리는 비눗방울을 통한 이완 반응으로 인해 이 암호는 내담자를 재빨리 진정시키고 싸움을 피할 수 있도록 돕는다. 물론, 그 외에도 놀이치료실 안에서 인형들을 사용하여 일상생활 속에서 비눗방울 떨어지는 것을 통합할 수 있는 역할 놀이로 도와줄 수 있다. 내담자가 치료를 '종결'할 때 치료사는 내담자가 이완 작업을 기억하고 집에서 연습할 수 있도록 비눗방울이 담긴 통을 줄 수 있다.

# 위로의 물병
(Soothing Bottles)

- **치료 양식:** 집단/가족
- **대상:** 2~7세
- **치료 단계:** 중기 작업 단계

**치료 목표**

1. 감정을 진정시키는 연습을 한다.
2. 감정이 진정되는 동안 관심을 다른 곳으로 돌릴 수 있도록 시각적으로 인지를 분산시키는 방법을 제공한다.
3. 짜증의 빈도, 강도, 지속시간을 감소시킨다.
4. 내담자에게 안전을 보장하는 물건을 제공한다.

**준비물**

–플라스틱 물병 또는 콜라 병
–물
–식용 색소
–반짝이
–특별한 보석들(꽃병 안에 장식으로 넣는 보석들)
–식용유
–필요할 경우에 대비해 의미가 있는 특별한 상징물이나 저렴한 장식용 보석

### 진행 방법

먼저, 우리가 화를 내는 여러 방식에 대하여 이야기를 나눈다. 우리는 화를 가라앉히기 위한 여러 방법을 가지고 있다는 것을 설명해 준다. 그 방법으로 깊게 심호흡을 하기도 하고 열까지 세기도 한다. 또는 '짜증나는 감정'이 사라질 때까지 그 감정으로부터 관심을 다른 데로 돌리기도 하고, 집중할 수 있는 다른 무언가를 찾는다. 내담자에게 모든 준비물을 알려 주고, "우리는 침착해지거나 진정해야 할 필요가 있을 때 잡을 수 있고, 볼 수 있고 그리고 가지고 놀 수 있는 시원한 물병을 만들 거예요."라고 이야기한다(이렇게 만든 물병은 매우 부드러우며, 거의 모든 아동에게 물병을 양육, 삶의 자양분, 안전과 관련시켜 생각하도록 할 수 있다).

이 활동에서 물병은 작은 손으로도 쥘 수 있는 16온스나 그보다 더 작은 물병을 사용하는 것이 가장 좋다. 내담자는 물병 안에 물을 약간 넣기 시작할 것이다(하지만 내담자가 원하는 물건을 넣기 위해 여유 있게 공간을 남겨 두도록 한다). 식용 색소 통들을 보여 주고 내담자에게 가장 편안함을 주는 색상을 내담자가 원하는 양만큼 추가하도록 한다. 이 색상은 밝은 핑크부터 밝은 파란색까지 다양할 것이다. 색상이 더해지더라도 내담자가 병 안의 물체를 볼 수 있을 정도여야 한다. 내담자에게 보석, 작은 금속 조각 장식품, 반짝이 등을 병 안에 넣도록 한다. 이는 치료사와 내담자가 이미 알고 있는 태양 또는 무지개와 같은 것들의 비유나 상징물로 작용할 것이다.

물병보다 작은 크기의 방수가 되는 인형들을 병 안에 넣어도 좋고, 기름을 넣을 수도 있다. 기름은 물과 분리되기 때문에 아동이 병을 위아래로 또는 양옆으로 흔들 때도 시각적으로 분명한 자극제가 되어 준다. 병은 감정을 '진정시키도록' 도와줄 자신만의 '스노우 볼(투명한 둥근 유리 안에 축소 모형이 담긴 장난감)'이 될 수도 있다. 이렇게 만든 스노우 볼 대신에 내담자를 위해 다양한 스노우 볼을 보여 줄 수도 있다. 그리고 이제 아동에게 화가 났을 때 반드시 병에만 집중하도록 연습해야 한다는 점을 알려 주도록 한다.

### 진행 과정 중 가능한 질문

–병 안에 무엇을 넣었니? 그것을 선택한 이유는 뭐니?

–병 속 세상에서는 무슨 일이 일어나고 있는지 이야기해 주겠니?

–이 병을 사용할 때는 언제니?

### 과제

매일 병을 바라보며 심호흡을 하도록 한다. 원한다면 만들어 낸 병 속 세상에 어떤 일이 일어나고 있는지에 대하여 새로운 모험으로 가득 찬 이야기를 만들어 볼 수도 있다. 친구로 인해 화가 났을 때 일주일에 한 번씩 병을 가지고 와 마음을 진정시키는 데 사용하도록 한다.

### 특별 고려사항

병의 윗부분을 밀봉할 때는 주의해야 한다. 실제로 꽉 조이다 보면 플라스틱 뚜껑이 깨질 수도 있다. 병을 잘못 사용해 다치게 되면 즉시 치우도록 한다. 이후에 치료사와 아동은 새로운 병을 만들면 된다.

### 적용 및 수정

이 활동에서 사용하는 병은 원래 화가 나거나 기분이 나빠지기 시작할 때 진정에 도움을 줄 도구로 고안되었지만, 치료사가 함께 있지 못할 때 내담자를 위한 안전한 중간 대상 역할을 할 수도 있다. 또한 병은 안전을 보장하는 따뜻한 담요와 같은 심리적 안정 역할도 할 수 있다. 많은 학령전기 아동이 낮잠 시간에 자신의 간이침대(낮잠이불)를 가지고 와도 되는지 물어보는 경우가 있는데, 나는 이에 대하여 찬성하는 편이다. 아동이 이러한 물품을 가지고 있다면 좀 더 쉽게 잠을 잘 수 있기 때문이다. 지속적으로 변화하는 시각적 이미지를 가지고 있는 것도 휴식을 취하는 데 도움이 된다. 치료사는 병 내부의 세상에서 어떠한 일이 일어나고 있는지 내담자가 이야기를 만들어 보도록 격려할 수도 있다. 그리고 그 이야기의 결말이 안전하고 행복한 결말이 되도록 돕는다.

이 기법은 집단 환경에도 적용 가능하다. 모든 구성원은 동시에 병을 만든다. 이는 분리불안에 시달리는 내담자의 가족에게도 적용 가능한 훌륭한 기법이다. 내담자와 부모가 함께 병을 만들도록 한다. 부모는 병에 오래된 보석 조각을 더할 수 있고, 그로 인해 아동은 엄마나 아빠의 기억을 공유할 수 있게 된다. 그런 다음 가족은 부모와 떨어져 있을 때라도 부모와 아동 사이를 연결할 수 있는 병에 대한 이야기를 만들어 볼 수 있다. 이 이야기는 부모가 반드시 다시 돌아올 것이라는 분명한 메시지를 아동에게 보내 줄 수 있도록 해야 한다.

제6장

# 자기조절 전략

## (Self-Control Strategies)

# 곤란한 문어
## (The Awkward Octopus)

**❶ 치료 양식:** 개인/집단

**❶ 대상:** 3세~성인

**❶ 치료 단계:** 중기 작업/종료 단계

**❶ 치료 목표**

1. 충동적인 행동의 결과를 강조한다.
2. 충동적으로 만지는 것을 대신할 수 있는 전략을 만들어 보도록 한다.
3. 역할극을 통해 새로운 충동 조절 기술을 연습한다.
4. 사회적 기술을 증진시킨다.

**❶ 준비물**

–몇 개의 문어 인형

–색인 카드

–안전핀

–마커펜(유성펜)

### 진행 방법

먼저, 문어 인형을 사용하여 만지지 말아야 할 물건이나 사람을 만져서 곤란에 빠지는 문어에 대한 이야기를 들려준다. 이 곤란한 상황은 바로 문어가 팔이 여덟 개이기 때문에 일어난다고 설명한다. 지느러미만 있는 물고기, 팔이 없는 물고기들에 비해 문어에겐 할 일이 많다. 문어는 오렌지색으로 빛나는 물고기를 보았는데, 문어가 물고기를 만지기 전에 반드시 미리 물어봐야 한다는 것은 생각하지 않고, 여덟 개의 팔 중의 하나를 뻗어 그 물고기를 만져 버렸다. 이런 종류의 일들은 언제나 일어날 수 있다. 내담아동에게 문어와 같은 이러한 일을 경험한 적이 있는지 물어본다. 그러면서 자연스럽게 내담자의 충동성이 문제가 되었던 경우를 이야기로 만들어 보도록 한다. 이야기를 만들 때 문어에게 유리한 좋은 아이디어를 떠올리도록 한다. 그 아이디어는 문어가 자신의 팔 각각에 그럴 때 기억해야 할 것들을 적는 것이다. 그래서 무언가를 만지려고 할 때마다 팔에 적힌 행동 문장을 보게 될 것이다. 팔에 적힌 말들은 손을 뻗지 않게 도와주는 유용한 방법들이다. 이렇게 한다면 문제를 피할 수 있을 것이다. 또한 내 손을 나 스스로 잡아 두는 유용한 방법의 목록들을 기억나게 할 것이다. 이렇게 내담자에게 문어가 팔을 뻗지 않게 해 줄 대처 전략을 짜는 것을 도와주도록 한다. 유용한 생각이 떠오를 때마다 내담아동에게 색인 카드에 적거나 그림을 그리도록 한다. 그리고 치료사는 그것을 문어 인형의 팔이나 다리에 핀으로 고정시킨다. 이 새로운 기법들을 문어의 몸에 고정시키고 난 후 내담자는 문어 인형이 '되어' 이 새로운 기법을 연습한다.

### 진행 과정 중 가능한 질문

–문어의 문제는 무엇이니?
–이 문제로 인해 문어는 어떤 기분을 느꼈니?
–문어 스스로 무엇을 해야 할 것 같니?
–문어가 손을 뻗지 않기 위해 학습한 대처 전략을 설명해 보겠니?
–이 전략을 사용하게 될 때는 어떤 상황이니?

### 과제

우리가 문어에게 가르쳐 준 전략 중 하나를 사용해서 매일 한 번 자신을 조절하는 연습을 한다. 일주일 동안 여러 가지 전략을 사용해 보고, 그중 어느 것이 가장 효과적이었는지 다음에 이야기를 하도록 한다.

### 특별 고려사항

주의력결핍장애를 진단 받은 아동의 경우 이 기법을 연습하는 데 필요한 집중력이 부족하기 때문에 약물 치료가 병행될 때까지는 불가능할 수 있다. 그러므로 나는 이 기법을 약물 치료와 함께 사용하기를 제안한다.

### 적용 및 수정

이 활동은 자기조절 기술을 익히는 데 좋은 기법이다. 내담아동은 자기조절이 어려운 문어 이야기를 듣고, 이러한 문제가 자기뿐 아니라 문어와 같이 다른 아이들에게도 보편적으로 일어난다는 사실을 알게 되어 안심한다. 내담아동은 문어가 자신보다 더 좋지 않은 상황에 처해 있다고 생각한다. 내담자의 경우 두 다리와 두 팔만 제어하는 어려움이 있지만, 문어의 경우 두 배나 더 많은 팔과 다리를 가지고 있기 때문이다. 이 비교를 통해 아동은 자연스럽게 문어의 도우미 역할을 하게 되면서 이 역할을 정말로 좋아하게 된다. 물론 여덟 개의 대처전략('멈추고 생각하기'와 같은 간단한 말 포함 가능)을 만들어 내는 것은 어려워 보이지만, 아동은 이 기법을 잘 찾아 낼 것이다. 이는 아동이 (문어의 도우미로서) 새로운 기법을 연습하면서 느끼는 성취감, 문어를 도울 때 느낄 수 있는 만족감, 그리고 인형을 사용하는 것이 재미있는 동기부여가 되기 때문이다.

이 기법은 집단 환경에도 유용하다. 내담자들은 다 같이 이야기를 듣고 차례로 전략을 만들고 문어가 되어 이 전략을 연습해 본다. (팔과 다리에 대처 전략을 부착한) 문어는 치료실에 시각적 자극제로 남겨 놓는다. 이는 충동제어와 관련한 문제가 또다시 생겨날 때마다 대처 전략을 떠올리게 하는 시각적 자극제로 사용될 수 있다.

이 사진은 이 활동에 사용될 수 있는 여러 종류의 문어 인형을 보여 준다. 사진 속의 '곤란한 문어'는 자신의 손과 발을 뻗지 않기 위한 두 가지 전략이 이미 몸에 고정되어 있다. 내담아동으로 하여금 역할극에서 차례로 문어 인형을 사용해서 이 대처 전략을 적용하는 방법을 연습해 보도록 한다.

# 얼음 공
(Freeze Bowl)

**치료 양식:** 집단/가족

**대상:** 3세~성인

**치료 단계:** 중기 작업 단계

**치료 목표**

1. 주의집중 시간을 늘린다.
2. 자기조절 능력을 기른다.
3. 충동성을 감소시킨다.

**준비물**

–소형 볼링 핀 세트

–소형 볼링공

–디지털 타이머

–보상물

### 진행 방법

먼저, 내담아동에게 "얼마나 오랫동안 얼음 자세를 취할 수 있나요?"라고 묻는다. 얼음 자세를 취한다는 것은 움직이지 않고 꼼짝하지 않는 상태를 의미한다고 설명한다. 이 게임에서는 얼음 자세가 필요하다. 낮은 테이블 위 또는 바닥 한 가운데에 볼링 핀을 세운다. 치료사와 아동은 핀이 하나 넘어질 때마다 '얼음 자세를 취할 시간'을 정한다. 이 시간은 내담자의 나이와 상황에 따라 달라질 수 있다. 예를 들면, 네 살짜리 아동이 얼음 자세를 취하는 시간은 핀당 2초가 적합할 것이다. 네 살 아동이 자기 순서에 세 개의 핀을 쓰러뜨리면 그 아동은 한 개당 2초, 총 6초 동안 얼음 자세를 취해야 한다. 물론 6초는 일부 네 살 아동에게는 긴 시간일 수 있다. 미니 볼링 세트를 이용하여 아동과 핀 사이의 거리가 짧아지면 아동은 대여섯 개의 핀을 넘어뜨릴 수 있다(이는 10~12초에 해당한다). 각 핀에 부여되는 얼음 자세 시간은 나이가 많은 아동에게는 더욱 길어진다. 예를 들어, 열 살짜리 아동의 경우 이 비율은 핀당 5초가 될 수 있다. 그러나 열 살 아동 중에서도 심각한 주의력결핍장애를 진단 받았다면, 주의력결핍과 충동성을 감안하여 그들에게는 네 살짜리 내담자에게 적용하였던 것과 동일한 시간이 주어져야 할 것이다.

시간이 정해지면 참가자들은 일단 연습을 하고, 이때 집단의 구성원들은 볼링공을 던진 사람이 움직이는지 아닌지 주의 깊게 지켜보도록 한다. 시간을 측정하는 쉬운 방법은 디지털 타이머나 초시계를 사용하는 것이다. 한 명이 볼링공을 던지고 핀을 넘어뜨리면 타이머의 시간을 설정한다. 타이머가 0이 되면 그 구성원은 움직일 수 있다. 이것은 또한 스스로 자기점검을 하도록 격려한다. 순서가 빠르게 바뀌는 경우에 대비하여 치료사는 여러 개의 디지털 타이머를 준비해야 할 수도 있다. 두 명의 구성원이 짝을 지어 하는 방법도 가능하다.

이 기법은 적대적 반항장애(ODD)가 있는 아동에게 유용하다. 이 기법은 함께 잘 해낼수록 서로 더 많이 격려하게 되고, 이로 인해 더 많은 점수를 얻을 수 있기 때문이다. 이 경우 한 명이 타이머를 들고 다른 한 명이 얼음 자세를 취하게 된다. 그리고 순서를 바꾸어 진행하도록 한다. 쓰러뜨린 핀의 수에 기초하여 계산된 시간 동안 성공적으로 얼음 자세를 취한다면 보상을 받는다. 게임이 끝나면 특정한 수의 보상을 받은 아동은 상을 받는다(상에 필요한 보상의 숫자는 아동이 획득할 수 있는 합리적인 수준이어야 한다). 이 게임은 매우 신나며 빠르게 진행되므로 자제력 문제가 있는 아동에게 매우 강력한 훈련 도구이기도 하다. 이들이 보상을 받기 위해 필요한 시간 동안 얼음 자세를 취할 때마다 자아 존중감과 능력 또한 향상된다.

### 진행 과정 중 가능한 질문

- 필요한 시간 동안 얼음 자세를 취할 수 있었니?
- 얼음 자세를 취할 수 있었을 때 어떤 기분이었니?
- 얼음 자세를 취하기 위해 어떤 기술을 사용해야 했었니?
- 얼음 자세를 취할 수 없었던 경우에는 무슨 일이 일어났니? 무엇이 방해가 되었니?
- 삶에서 얼음 자세를 취하는 것이 도움이 되는 경우가 있니?

### 과제

한 주 동안 학교 교실의 시계를 바라보고 5초 동안 자리에 앉아서 '얼음 자세'를 취한다. 다른 사람이 알아차리지 못할 정도로 꼼짝하지 않기로 한다(어떤 수업 시간에 이를 시도해야 하는지 결정하도록 도와준다). 다음 시간에 이 경험에 대하여 이야기하도록 한다.

### 특별 고려사항

쉽게 주의가 흐트러지는 아동은 얼음 자세를 취하는 것이 어려울 수 있다. 다음 차례의 아동을 쳐다보다가 신나는 분위기에 휩쓸려 버리기 때문이다. 첫 번째 라운드 이후 이러한 행동을 한다면 멈추고 논의해 보는 과정이 필요할 수 있다. 이렇게 아동이 방해를 받아도 계속 움직이지 않을 수 있는 방법을 찾아낼 수 있도록 도와줘야 할 것이다. 그 방법은 눈을 감거나, 또는 머릿속에서 '얼음'이라는 말을 반복해서 떠올리는 것 등이다(이 기법은 집중하고 외부의 자극을 무시할 수 있도록 아동을 도와주기 위해 고안되었고, 제6장의 '대가 치르기' 기법과 연계하여 사용할 수 있다).

### 적용 및 수정

이 기법은 집단 활동에 매우 적합한데, 경쟁으로 인해 아동이 스스로를 제어하기 위해 더욱 열심히 노력하기 때문이다. 가족에게 이 기법을 적용하는 것도 도움이 된다. 모든 가족 구성원이 게임을 하고 난 후에는 얼음이라는 은유가 집에서 아동으로 하여금 주의를 기울이고 자기를 조절하는 것을 돕는 재미있는 명령어로 사용될 수 있다. 집에서는 보상물 교환 체계를 사용할 수도 있다. '얼음'이라는 명령어를 듣고 얼음 자세를 취하면 그에 대한 보상을 받게 되는 것이다.

이 기법을 통해 내담자는 충동적인 행동을 하기 전에 내면에서 '얼음 자세'를 취하는 것을 훈련할 수 있다. 인형을 사용해 그러한 사례를 만들어 보거나 만든 사례를 가지고 역할극을 할 수 있다.

이 사진은 저렴한 소형 플라스틱 볼링세트 모습이다. 볼링세트 뒤에 매달려 있는 것은 내담아동이 얼음 자세를 취하는 시간을 잴 수 있는 스톱워치이다.

# 혼란을 지휘하기 (Chaos Conducting)

- **치료 양식**: 집단
- **대상**: 4세~성인
- **치료 단계**: 초기/중기 작업 단계

**치료 목표**

1. 주의집중력을 기른다.
2. 주의집중하는 시간을 늘린다.
3. 충동 조절 능력을 기른다.

**준비물**

–참가자마다 모두 다른 색상의 펠트 두 조각 또는 공작용 종이

–악기

### 진행 방법

집단 중 한 명을 '지휘자'로 선택한다. 나머지 집단 구성원은 오케스트라의 일부가 된다. 모든 오케스트라 구성원에게는 색깔이 있는 공작용 종이 혹은 펠트 한 조각과 악기가 주어진다. 누군가에게는 파란색 펠트 조각과 마라카스가 주어질 수 있다. 지휘자는 오케스트라 구성원이 가지고 있는 모든 색상의 공작용 종이 또는 펠트 조각을 가지고 있다. 지휘자가 몇 가지 색깔을 들어 올리면 그 색깔을 가진 오케스트라 구성원은 악기 연주를 시작해야 하고, 지휘자가 색깔을 내려놓으면 그 색상에 해당하는 구성원은 즉시 연주를 멈추어야 한다(이는 보통 내담자들이 어려워할 수 있다). 이 게임을 잘 해내려면 참가자들은 비언어적 지시를 잘 따르고 세심한 주의를 기울이며, 다른 자극들을 물리치고 자신의 충동을 제어해야 한다. 모든 구성원은 차례로 지휘자 역할을 하도록 한다.

### 진행 과정 중 가능한 질문

- 책임을 맡는 지휘자 역할의 어떤 점이 좋았니?
- 지휘자 역할과 관련해서 어떤 점이 어려웠니?
- (지시를 내리거나 팀의 일원이 되는 것과 같은) 오케스트라의 일원이 되는 방식과 관련해서 어떤 점이 좋았니?
- 오케스트라의 일원이 되는 것과 관련하여 어려운 점은 무엇이었니?
- 어떤 역할이 더 좋았니? 그 이유는 무엇이었니?
- 오케스트라 구성원들이 음악을 만들어 내기 위해 필요한 기술은 무엇이니?

### 과제

집단 구성원들이 오케스트라 활동을 통해 비언어적 지시를 수행한 후에는 선생님, 부모님, 심지어 친구들에 의해 주어지는 비언어적 지시가 무엇인지 작성해 보도록 한다. 예를 들면, 내 말을 듣기를 싫어하는 친구는 딴청을 피운다. 그러므로 이런 행동을 하는 친구에게는 어떻게 해야 하는지를 찾아내도록 하는 것이다. 이 기법은 행동을 바꾸기 위한 비언어적 지시이자 단서가 된다.

### 특별 고려사항

집단 구성원 중에 충동을 조절하지 못하고 차례를 무시하는 아동이 있다면 그로 인한 결과를 생각해 봐야 할 것이다. 그러나 이 아동으로 인해 좌절한 지휘자나 집단의 구성원으로부터 받는 피드백은 아동의 문제 행동을 변화시킬 수 있다.

### 적용 및 수정

이 기법은 주의력결핍장애, 적대적 반항장애 등 충동조절장애 진단을 받은 아동이 포함된 집단에서 사용하기에 적합하다. 이는 비언어적 단서와 지시의 개념에 대하여 알려 주기 때문이다. 색깔이 있는 펠트 또는 종이를 사용할 수 없는 경우에는 지휘자, 오케스트라 단원이 하나씩 가지고 사용할 수 있도록 두 개의 레고, 두 개의 크레용 등과 같이 동일한 색깔이 두 개씩 들어 있는 재료를 사용하는 것도 가능하다. 악기를 구하기 어려운 경우에는 집단 구성원들이 독특한 소리와 리듬을 만든 후, 자신이 지닌 색상이 들어 올려질 때 그 소리나 리듬을 연주하면 된다.

# 대가 치르기
(Count the Cost)

**치료 양식:** 집단

**대상:** 6세~성인

**치료 단계:** 중기 작업 단계

**치료 목표**

1. 주의집중 시간을 늘린다.
2. 내담자의 집중력을 향상시킨다.
3. 불필요한 자극을 차단하는 연습을 한다.

**준비물**

–미니어처 카드 한 벌

### 진행 방법

먼저, 집단 구성원에게 집중해야 할 때 집중력이 흐트러진 적이 있는지 질문한다. 집단 구성원들이 집중이 필요한 행동이나 상황(예를 들면, 시험을 칠 때, 비디오 게임에서 이기려고 할 때, 음식을 자를 때, 가위를 사용할 때 등)을 목록으로 작성해 본다. 집중력을 흐트러뜨리는 상황이나 행동(예를 들면, 크게 소리 지르는 사람, 모욕을 주는 사람, 다른 사람들은 일을 하고 있는데 놀고 있는 사람 등)의 목록도 작성하도록 한다. 이제 대가의 개념에 대하여 설명한다. 집중을 유지하기 위해서는 대가가 필요하다. 이 대가는 비싸고 힘이 들며, 쉽게 얻어지는 것이 아니다. 이 게임에서 각 내담자는 차례로 '대가를 치르는 사람'이 된다. 미니어처 카드 한 벌을 준비하여 세어 보도록 한다. 그런 다음 집단에게 "어렵지 않지? 집중을 하기 위해 더욱 더 열심히 노력해야 해……." 등을 이야기하도록 하여 집중을 방해한다.

그러면 카드를 가지고 있는 내담아동은 이 게임을 이기기 위해서 카드에서 눈을 떼지 않고 끝까지 카드를 큰 소리로 세어야만 한다. 아동은 게임을 중단하거나 카드에서 눈을 뗄 수 없다. 아동이 52까지 세면 이기게 된다(그렇지만 내담자 집단의 나이와 능력에 따라 세어야 하는 카드의 숫자를 조정할 수 있다). 나머지 집단의 구성원들은 카드를 세는 사람의 주의를 흩트려서 카드 세기를 갑자기 중단하도록 만들어야 한다. 그러나 카드를 세는 사람의 주의를 흩트리기 위해 '방해꾼들'이 할 수 있는 일에 대한 규칙을 정해야 한다. 카드를 세는 사람을 건드리면서 만지거나 비방하는 것은 허락되지 않는다. 내담자 집단이 논의하여 규칙을 추가할 수도 있다. 많은 아동은 첫 번째 시도에서 성공하지 못한다. 모든 구성원이 한 차례씩 시도한 후 그 경험에 대하여 이야기를 나누고, 집중력 유지에 효과가 있었던 전략에 대하여 의논한 후 새로운 전략을 도출하도록 한다. 모든 구성원이 성공할 때까지 게임을 진행하도록 한다. 이 게임과 관련해 고려해야 할 점은 카드를 세는 사람이 좌절하거나, 나머지 구성원들이 방해하는 방식에 대하여 화가 날 수 있다는 점이다. 그러므로 이 감정에 대하여 이야기를 나누고, 아동이 감정을 억누르고 집중력으로 전환할 수 있도록 연습하는 것이 중요하다.

### 진행 과정 중 가능한 질문

–다른 사람들이 방해를 하는 동안 카드를 세려고 노력하면서 어떤 느낌이 들

었니?
–집중 유지를 위해 사용해야 했던 전략은 무엇이었니?
–과제를 완수한 후 어떤 기분이었니?
–카드 세는 사람을 방해하는 사람이 되었을 때 어떤 기분이었니?
–살아가면서 이러한 집중이 도움이 되는 장소와 시간에 대하여 이야기해 주겠니?

### 과제

다음 회기 전까지 가족이나 친구 중에서 이 게임을 같이 할 사람을 찾아서 해 보도록 한다. 그리고 어떻게 진행되었는지 다음 회기에서 이야기하도록 한다.

### 특별 고려사항

주의력결핍장애, 충동조절장애, 적대적 반항장애, 품행장애가 있는 아동에게 이 게임은 특히 어려울 수 있다. 주의력 집중 기술이 부족하거나 좌절과 분노가 생겨날 수 있기 때문이다. 이 경우 치료사는 더욱 많은 도움을 주어야 한다. 예를 들어, 가운데에 이들과 함께 서 준다거나 큰 목소리로 같이 숫자를 외치는 등의 도움을 준다. 또한 집중을 잘하는 아동과 집중에 문제가 있는 아동을 짝을 지어 주는 것도 좋은 방법이다.

### 적용 및 수정

이 기법은 많은 방해꾼을 필요로 하기 때문에 집단 활동에 적합하다. 나는 이 기법에서 집중을 하는 참가자에게 카드를 세도록 하였지만, 고개를 숙이고 무언가를 되풀이하는 행동이라면 다른 어떠한 활동으로 대체해도 무방하다.

이 기법은 내담아동의 공부 습관을 해결하기 위한 방법으로 변형될 수 있다. 치료사는 아동에게 과제를 준 다음 TV나 라디오를 큰 소리로 틀거나, 사탕 포장지를 바스락거리거나, 감자 칩을 오도독 씹어 먹는다. 치료사의 이러한 행동은 집중을 흩트러뜨릴 것이다. 이 활동을 경험하게 한 후, 치료사는 간식 시간과 휴식은 공부하는 곳에서 멀리 떨어진 곳에서 이루어질 수 있도록 '학습 환경'과 스케줄을 만드는 것을 도와준다. 아동은 게임에서 이기기 위해서 다른 사람의 방해를 계속 무시해야만 한다. 괴롭힘을 당하는 아동에게는 어렵게 느껴지는 '무시하기'는 이 활동을 통해 괴롭힘에 대항할 수 있는 강력한 도구로 사용할 수 있다.

# 입술을 봉인하기
(Lock Your Lips)

**치료 양식**: 개인/집단/가족

**대상**: 5세~성인

**치료 단계**: 중기 작업 단계

**치료 목표**

1. 자기조절 능력을 발달시킨다.
2. 충동성을 줄여 나간다.
3. 지시를 듣고 과제를 완수할 수 있는 능력을 기른다.

**준비물**

- 립글로스
- 립밤
- 종이
- 마커펜(유성펜)/크레용
- 마법 지팡이
- 마법사 모자 또는 인형

### 진행 방법

우리가 만나게 되는 많은 내담자는 충동조절 문제를 가지고 있다. 이 내담자들은 수업 시간에 크게 소리 지르고, 공부 시간에 친구들과 떠들고, 친구들에게서 모욕을 받았을 때 잠시 멈추고 생각하기 전에 바로 반응하여 욕을 하거나 행동을 할 것이다. 이 기법은 이러한 문제를 해결하기 위해 고안되었다. 먼저, 우리의 입으로 인해 곤경에 빠질 수 있는 여러 가지 상황에 대하여 이야기한다. "우리가 입을 사용하지 않아야 하는 경우 입술을 봉인할 수 있는 마법의 약이 있다면 좋지 않을까?"라고 질문을 던진다. 내담아동에게 자신만의 입술 마법 지팡이를 만들 것이라고 설명을 한다. 내담아동에게 립글로스 한 개를 준다. 이 기법은 투명 립밤을 사용한다면 남자 아동에게도 사용할 수 있다. 내가 만난 많은 남자 아동은 (특히 겨울에) '자신만의 립밤'을 얻을 수 있는 좋은 기회라고 여겼다. 치료사는 아동에게 립밤 몸통을 둘러쌀 수 있을 정도의 매우 작은 종이를 주고, 입술 마법 지팡이의 이름을 짓도록 한다. 종이 위에 그 이름을 적고, 립밤 몸통에 테이프로 붙인다. 이제 아동에게 마술사의 모자를 쓰고 마법 지팡이를 들고 립밤이나 립글로스에 주문을 걸면 입을 봉인할 수 있는 립밤이나 립글로스가 된다고 설명한다. 아동으로 하여금 침묵을 지키는 것이 좋은 상황에 대하여 생각해 보도록 한다. 이렇게 상황을 설정한 후 치료사는 아동이 말을 하도록 만들 수 있는 모든 방법을 시도하여야 한다. 그러나 내담자가 마법이 걸린 립밤을 바르고 난 이후에는 꿈쩍도 하지 않아야 한다고 규칙을 알려 준다. 만약 아동이 말을 할 것 같다고 하면, 마법의 립밤을 다시 한 번 바르도록 한다.

### 진행 과정 중 가능한 질문

- 입술로 인해 곤경에 빠지는 경우는 어떤 상황이겠니?
- 입술을 제어할 수 있는 방법은 무엇이 있겠니?
- 입술을 봉인해야 하는 때는 어떻게 결정할 수 있겠니?
- 어떤 상황에서 입술을 봉인하는 것이 도움이 되겠니?

### 과제

수업 중에 말을 해서는 안 되는데 말을 하고 싶을 때가 있다면 매일 한 번씩 집에서 입술 마법 지팡이를 사용하도록 한다. 내담자를 괴롭히는 친구에게 반응하지 않기 위해서 입술 마법 지팡이를 사용해도 좋다.

### 특별 고려사항

치료사는 이 기법을 아동에게 사용하는 방법에 대하여 교사와 부모에게 잘 설명해 주어야 한다. 우선 내담아동이 교실에서 이야기를 하지 않도록 상기시켜 주는 도구로 립밤을 사용하는 것에 대하여 교사의 허락을 받아야 한다. 이럴 때 교사들은 이런 종류의 소품에 대하여 이해할 수 있다. 그러나 만약 아동이 학교에 립밤을 가지고 오는 것이 허락되지 않는다면 치료사는 지시를 암시하는 이미지나 시각적인 작업을 통해 아동이 이 은유를 내재화할 수 있도록 도와주어야 할 것이다.

### 적용 및 수정

이 기법은 아동에게서 지속적인 학대의 증거를 수집하기 위해서 사용될 수 있다. 이 경우 아동에게 이렇게 설명할 수 있다. "아이가 자고 있을 때 마법사 인형이 입술 마법 지팡이에 나쁜 주문을 걸어서 방으로 들어가 립밤을 입술에 바를 수 있어. 아이가 아침에 일어나서 밤새 일어난 일을 말하고 싶어도 입술은 봉인되어 있어서 말을 할 수가 없어. 그래서 치료사와 그 아이는 사악한 마술사의 주문을 풀고 봉인을 해제시킬 수 있는 방법을 생각해 내야 해."라고 은유적으로 설명해 준다. 이 기법은 집단과 가족에도 적용 가능하다. 가족의 경우, 립밤은 아동에게 말을 멈출 적절한 시간과 관련된 비언어적 단서가 되어 줄 것이다.

제7장

# 성학대 피해자를 위한 기법

(Techniques for Working with Survivors of Sexual Abuse)

# 착륙 상자
# (The Landing Tray)

**❶ 치료 양식:** 개별/집단/가족

**❶ 대상:** 3세~성인

**❶ 치료 단계:** 초기/중기 작업/종결 단계

**❶ 치료 목표**

1. 감정을 진정시키는 경험을 배운다.
2. 필요시 이미지를 이끌어 낼 수 있는 능력을 기른다.
3. 내담자가 스트레스 또는 분노를 줄이도록 한다.
4. 치료사에게 내담자의 심리 상태와 관련하여 투사 정보를 제공한다.

**❶ 준비물**

- 제이미 리 커티스(Jamie Lee Curtis)의 『풍선은 어디로 가는가?(Where Do Balloons Go?)』
- 참가자 한 명당 풍선 한 개
- 모래 상자
- 미니어처
- 점토(기존의 미니어처가 아닌 추가적인 상징물을 만들기 위함)

### 진행 방법

먼저,『풍선은 어디로 가는가?』를 읽는다. 아동에게 눈을 감고 마치 자신이 책에 등장한 풍선이라고 상상하도록 한다. 이야기 속에서 풍선이 가는 곳으로 아동도 가보도록 한다. 책을 다 읽은 후에 아동에게 자신을 상징하는 풍선을 집어 들도록 한다. 이때 여러 가지 형태, 색상, 크기의 풍선을 준비하도록 한다. 이제 풍선이라면 각자 어디에 내려앉을지 상상하게 한다. 아동에게 이미지 이끌어 내기 상상을 하도록 한다. 이 상상 안에서 아동은 운동장에서 강한 바람에 의해 들려 날아가게 된다. 아동에게 하늘로 둥둥 떠오르고 있는 것을 상상하도록 하는데, 모든 세상과 사람보다 훨씬 위에 떠 있도록 상상한다. 이때 폭풍우가 와서 풍선을 덮친다. 이러한 상황에서 이제 아동에게 안전한 장소에 착륙하는 모습을 상상하도록 한다. 그리고는 아동에게 모래 상자와 미니어처를 준다. 아동은 모래 상자에 풍선이 착륙한 '세상'을 창조한다. 상자를 만든 후에 모래 상자 세상에 대하여 이야기를 만들어 보도록 한다.

이 기법이 집단 환경에서 사용될 경우 모든 구성원은 모래 상자 속의 세상에 관한 이야기를 듣고 질문을 하도록 한다. 이 기법을 통해 아동의 내면에 있는 풍부한 투사 정보를 모을 수 있게 된다.

### 진행 과정 중 가능한 질문

- 대기 중에 떠가는 풍선이 되었을 때 어떤 기분이었니?
- 착륙했을 때 어떤 기분이었니?
- 착륙한 장소에 관해 이야기해 보겠니?
- 풍선은 이 장소를 어떻게 느꼈겠니?
- 이 장소에서 풍선에게 어떤 일들이 생기겠니?
- 풍선이 착륙할 만한 다른 장소가 있니? 그곳은 어디니? 그 이유는 무엇이니?

### 과제

이번 주에 내담아동이 화가 나거나 스트레스를 받을 때(시험 전의 마음 상태나 누군가가 내담아동에게 감정을 상하게 하는 말을 했을 때) 공기를 통해서 대기 중에 떠가는 풍선이 되었던 경험을 마음속에 떠올리도록 한다. 이럴 때 아동이 이러한 스트레스 상황에서 멀리 떠나가는 것처럼 상상하도록 한다. 아동이 머릿속에 떠올리는 이 경험이 그 상황에 대처하는 데 어떻게 도움이 되었는지 다음 시간에 이야기하도록 한다.

### 특별 고려사항

좀 더 나이가 있는 아동의 경우 이 책을 '유치하다'고 여길 수 있다. 그래서 치료사는 이 기법을 사용하기 전에 내담자를 파악해야 한다. 또한 이 기법은 이완을 유도하기 위한 이미지를 이끌어 내기 위해 사용되기 때문에 정신질환을 겪는 아동에게는 적합하지 않다. 학대받았던 아동이라면 안전한 장소에 풍선을 착륙시키지 못할 수 있다.

### 적용 및 수정

이 기법은 개인 또는 집단에 사용될 수 있다. 내가 만난 아동들의 경우, 종종 대기 중에 떠다니면서 안전하고 가볍게 느껴졌던 경험을 이야기한다. 그러나 종종 전쟁 지역에 내려앉아 갇히게 되어 결국 파괴되는 두려운 감정을 느끼기도 한다. 이러한 현상은 아동이 자신의 현재 환경에서 위험이나 무력감을 경험하는 정도를 반영한다. 만일 내담아동에게 이러한 일이 발생했다면 치료사는 내담자의 감정을 확인하고 상자를 꾸미게 한 다음, "풍선이 갈 만한 다른 곳이 있겠니?"라고 질문한다. 내담자에게 다른 모래 상자를 만들도록 한 후 직접적인 지시로써 다음과 같이 말할 수도 있다. "이곳은 풍선이 머무를 수 있는 안전한 곳이 아닌 것 같아. 거대하고 강한 바람이 와서 풍선을 데려가 안전한 장소에 내려놓았다고 상상해 보자. 시간을 가지고 훨씬 안전해 보이는 새 모래 상자를 나에게 보여 줘."

이 기법은 상상을 통해 아동이 자신의 삶에서 '마무리하고' '내려앉고' 싶은 장소를 모래 상자에 묘사하도록 도움으로써 종결 활동으로 사용될 수 있다. 이 기법은 장기적 목표와 그 목표에 도달하는 방법에 관한 대화를 시작하기 위해 사용될 수 있다.

상자 안에서 풍선은 위험한 짐승이 있는 곳에 착륙한다. 그러나 위험한 짐승 주변에 그를 보호하고 둘러싼 캐릭터들이 있고, 이들은 짐승과 풍선 사이에서 일종의 방패 역할을 한다. 힘센 헤라클레스는 풍선 앞에 경비로 서 있고, 아기를 안은 엄마는 풍선 옆에 서 있다. 풍선 주변의 땅은 보물로 덮여 있다. 모래 상자는 궁극적으로 내담아동에게 위험을 줄 수 있는 사람을 반영하고 있지만, 그 위험으로부터 보호막이 되어 줄 완충제 또한 가지고 있다. 만일 풍선이 짐승들이 파괴하는 곳에 착륙한다면 상자를 상세히 탐색한 후, 아동은 풍선을 보호하는 방식으로 상자를 변화시키도록 한다.

# 잠가라
## (Zip It)

**치료 양식:** 개인/집단

**대상:** 4세~성인

**치료 단계:** 중기 작업 단계

**치료 목표**

1. 내담자에게 안전한 곳을 만든다.
2. 학대에 대하여 즉시 말해야 한다는 부담감을 줄인다.
3. '비밀'에 대하여 둔감하게 만든다.
4. 내담자의 침묵을 존중한다.

**준비물**

−입이 지퍼로 된 동물 인형 혹은 지퍼가 달려서 동물로 변화될 수 있는 지갑

**진행 방법**

많은 아동은 말해야 하는 비밀 때문에 치료를 받는다. 치료사로서 우리는 그런 비밀을 들어야 할 권리를 획득해야만 한다. 치료사는 아동에게 위안이 되며, 안아 줄 수 있는 편안한 환경을 제공해야 한다. 그리고 안아 준다는 말은 말 그대로 아동을 위해 비밀을 안고 간다는 것을 포함한다. 이런 아동을 위해 나는 최근 이빨이 두 개의 지퍼로 되어 있는 악어 손 인형을 구했다. 어떤 아동은 오랜 시간 동안 함구하고 있다. 가해자는 아동이 비밀을 누설하면 아동 또는 아동이 아끼는 사람을 해치겠다고 위협한다. 때때로 내담아동은 벌어진 일에 대하여 형언할 수 없는 수치감을 느끼고, 자신에게 발생한 일이 자신이 잘못했기 때문이라고 믿는다. 그래서 아무에게도 이런 상황을 말하지 않게 된다. 치료사는 이런 아동을 위해 치료의 궁극적인 목표가 비밀을 완전히 드러나게 하는 것이라는 점을 인지함과 동시에 아동의 침묵을 존중하는 것이 중요하다.

먼저, 모든 사람은 비밀을 가지고 있다는 사실을 내담아동에게 말한다. 어떤 비밀은 아동이 누구도 알기를 원하지 않는 것들이다. 그 예로는 침대 밑에 숨긴 사탕이 있다는 것 등이다. 다른 비밀은 자신에게 도움을 주는 어른들이 그 비밀을 알기를 바라지만 그들에게 차마 말하기 두려운 것들이다. 이유가 무엇이든지 간에 비밀은 아동의 내면에 존재한다. 만일 고통스러운 비밀이 내면에 존재한다면 그 비밀은 점점 커지고 더욱 악화될 것이라는 것을 알려 준다. 내담아동에게 고통스러운 비밀 중에 한 가지를 떠올리게 한 다음 이를 적도록 한다. 아동이 적은 비밀은 동물에게 먹이로 줄 것이라고 말한다. 이러한 동물들의 입은 지퍼로 채워지기 때문에 특별하다고 설명한다. 아동에게 입이 채워진 동물들은 비밀 유지에 아주 좋다는 것을 알리고, 어떤 동물 인형이 비밀 유지에 가장 적합해 보이는지 묻는다. 아동이 직접 그의 비밀을 동물 인형의 입에 넣고, 지퍼를 꽉 닫을 수 있게 한다. 아동에게 "너의 비밀을 보여 줄 준비가 될 때까지 비밀은 동물의 입 속에 있을 거야."라고 말한다. 이 방식을 통해 비밀에 대한 부담감이 심리적으로 일부라도 동물 인형에게 전가될 수 있게 된다(만일 치료사가 지갑으로 변신 가능한 지퍼 달린 인형을 여러 개 가지고 있다면, 치료사는 이것을 아동에게 준 후 치료사와 비밀을 공유할 수 있는 동안 가지고 있으라고 한다).

그런데 여기서 고려해야 할 점이 있다. 만약 아동이 "아빠가 매일 밤마다 나의 방에 와서 나를 성폭행해요."라고 썼다면 치료사는 이 정보에 대하여 즉시 행동을 취해야 할 필요가 있다. 그러나 그 외의 비밀은 아동에게 수치감은 주지만 즉각적으로 해로움을 가져다주는 것은 아닐 수도 있다. 내가 만난 아동은 비밀에 대하여 자신을 학대한 것으로 묘사했지만, 이미 알려졌고 이제 안전한 장소에 존재하는 그러한 종류의 비밀인 적도 있었다. 치료사가 '만약을 대비해' 아동에게 해야 할 일은 아동이 비밀을 동물의 입 속에 넣고 지퍼로 봉인한 후에 이 동물은 많은 아동을 알고 사랑한다는 사실을 설명해 주는 것이다. 그리고 이 동물의 첫 번째 임무는 아동을 보호하는 것이며, 두 번째 임무는 비밀을 유지하는 것이라고 설명한다. 그래서 이 비밀이 아동을 즉시 위험에 빠지게 하는 것이라고 동물이 결정했다면 동물은 이 비밀을 치료사에게 이야기할 것이다. 그러나 다른 비밀은 맹세코 지켜 낼 것이다.

### 진행 과정 중 가능한 질문

–사람들이 가지고 있을 여러 종류의 비밀을 적어 보겠니?
–넌 어떤 종류의 비밀을 가지고 있니?
–마음속에 비밀을 가지고 다닐 때 어떤 기분이었니?
–동물에게 비밀을 주었을 때 기분은 어땠니?
–네가 동물에게 준 비밀을 털어놓는 것은 어떨지 상상해 보자. 그렇게 하는 것은 어떤 느낌이겠니?

### 과제

이 기법은 아동이 이미 동물에게 먹이로 비밀을 주면서 한 번 '털어놓은' 셈이라는 사실을 기억하도록 한다. 그리고 비밀을 털어놓은 후에도 나쁜 일이 일어나지 않았다는 사실을 일깨워 준다. 동물의 입을 열어 그 비밀을 치료사와 공유할 때도 비밀은 항상 존중된다는 사실을 아동이 알도록 한다.

### 특별 고려사항

쓰는 것을 어려워하거나 아주 어린 아동은 이런 훈련을 하면 좌절감을 느낄 수 있다. 이들은 도움 없이 아무것도 쓸 수 없기 때문에 무력감을 느낄 수 있다. 이는 치료사에게 말로 비밀을 털어놓을 준비가 되지 않았다는 것을 의미한다. 이런 아동을 위한 적절한 대안은 동물에게 비밀을 속삭이도록 하는 것이다. 동물은 말을 할 수 없기 때문에 아동이 동물의 입을 지퍼로 닫아 버린다면 동물은 아동의 비밀을 말할 수 없다. 이 기법은 결국 치료사에게 비밀을 이야기하도록 만드는 비밀에 대한 둔감화 연습으로 사용될 수 있다.

### 적용 및 수정

이 기법은 원래 성적 학대 피해자와 학대를 받은 것으로 추정되지만 학대 사실이 드러나지 않은 아동을 위해 고안되었다. 그러나 이 기법을 변형해서 충동조절 문제를 겪는 아동, 말을 너무 많이 하는 아동, 두서없이 말하는 아동에게도 사용 가능하다. 지퍼 달린 손 인형은 적절한 상황에서 '입을 잠그기'를 연습하기 위해 사용될 수 있다.

이 기법을 변형한 방법 중 하나는 나쁜 일을 저지르고 '입을 다무는' 아동에게 '침묵'하여 양육자를 화나게 만드는 것보다는 비밀을 '털어놓고' 그 결과에 직면하는 것이 장기적으로 볼 때 훨씬 낫다는 사실을 아동에게 가르쳐 주는 것이다. 아동은 결국 본래 자신이 저지른 나쁜 행동으로 인한 결과에 직면하게 되고, 나아가 그 행동에 대하여 침묵함으로써 야기되는 또 다른 좋지 않은 결과에 마주하게 된다. 지퍼가 달린 손 인형은 이러한 두 시나리오에 관한 역할극을 하는 데 사용할 수 있다. 원래의 기법은 오직 개별적으로만 진행될 수 있고, 다른 두 가지의 변형 기법은 집단이나 가족에게 적용 가능하다.

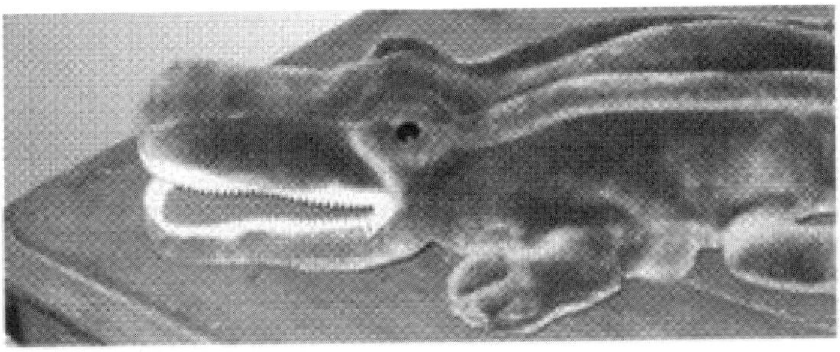

위 사진은 악어 손 인형의 모습이다. 악어의 입은 지퍼로 만들어져 있다. 악어의 입을 열면 비밀로 가득 차 있다. 아래 사진은 아동이 악어의 입에 비밀을 넣고 지퍼를 채운 후의 악어 모습이다.

# 징그럽고 오싹한 벌레들 (The Creep and the Creepy Crawlies)

**❶ 치료 양식:** 개인

**❶ 대상:** 3세~성인

**❶ 치료 단계:** 중기 작업 단계

**❶ 치료 목표**

1. 성적 학대와 관련된 내담자의 비밀을 줄이도록 한다.
2. 성적 학대를 받은 경험을 말로 표현하는 것이 좀 더 용이해지도록 내담자를 돕는다.
3. 예술 매체를 통해 성적 학대와 자신에 관한 느낌을 표현하도록 한다.
4. 가해자에게 학대의 책임을 물을 수 있도록 한다.

**❶ 준비물**

- 흰 종이
- 마커펜(유성펜)/크레용
- 거미 스티커

**진행 방법**

먼저, 접촉과 관련된 불편한 감정의 경험을 편안하게 이야기해 본다. 내담아동에게 모든 사람에게는 자신이 좋아하는 접촉의 방식과 좋아하지 않는 방식의 접촉이 있다는 점을 설명한다. 누군가 아동이 좋아하지 않는 방식으로 아동을 만지거나 아동의 신체 일부를 만졌다면 우리는 그 느낌을 징그럽고 오싹하다고 말한다. 그 느낌은 정말로 몸서리치게 징그러운 기분을 느끼게 하기 때문에 그 접촉에 대하여 이야기를 하는 것조차 힘든 일이다. 그러나 정말로 끔찍한 것은 아동이 싫어하는 방식으로 아동을 만진 사람이다. 아동에게 자화상을 그리게 한 후 거미 스티커를 소개한다(이를 위해 치료사는 아동의 자기 인식에 관한 충분한 정보를 제공해야 한다). 뒷면이 투명한 거미 스티커와 검정 거미가 가장 효과적이다(이 투명한 스티커를 그려진 자화상에 붙이면 윤곽이 뚜렷해 보이는 스티커에 비해 진짜 거미가 기어 다니고 있는 느낌을 줄 것이다). 아동이 자화상을 다 그리면, 그림 속의 신체 일부에 거미 스티커를 붙이도록 한다. 이것은 오싹하고 소름끼치는 느낌을 줄 것이다. 나는 이 기법을 성적 학대를 당한 10세의 아스퍼거 증후군을 겪는 남자 아동에게 사용했다. 이 아동은 나와 눈을 맞추려 하지 않았고, 학대에 대하여 말하는 것을 꺼렸다. 가해자는 자백했고, 아동의 부모는 자상하게 아동을 보살폈지만 아동은 학대에 대하여 말하지 않으려 했다. 이 아동은 거미 스티커를 좋아했고, 이 스티커를 가지고 놀기를 원했다. 이 동기만으로도 아동이 이 활동을 완수하게 하는 데 충분했다. 그러나 그는 그 스티커를 계속해서 접은 후 군인, 수류탄, 탱크 아래에 위치한 나의 금고 안에 넣었다. 그리고 나는 그 후 몇 회기 동안 그 금고를 열어 보지 못했다. 하지만 아동은 자화상에 스티커를 부착하고, 이를 통해 느리게나마 용기를 내어 자신의 학대 경험을 말로 표현하기 시작했다.

**진행 과정 중 가능한 질문**

- 그림 속의 사람은 자신의 위로 거미가 기어 다닐 때 어떤 기분을 느낄 거라고 생각하니?
- 누가 거미들을 그 사람에게 올려놓았니?
- 그림 속의 사람은 어떤 일이 일어나기를 원하겠니?
- 거미들을 제거할 방법이 있니?

### 과제

치료사가 이 사진을 내담자의 특별한 파일에 보관할 것임을 알게 한다. 한 주 동안 이 끔찍한 느낌이 생각날 때마다 자신에게 "가해자가 끔찍한 사람이야.·내가 아니야!"라고 이야기하도록 한다.

### 특별 고려사항

성적 학대 피해자에게는 치료 중에 더욱 세심한 관심이 필요하다. 만일 이 기법이 치료 중 적절한 단계에서 사용되지 않으면 아동에게 트라우마를 다시 경험하도록 만들 수 있다. 그러므로 치료사는 아동이 비난 및 자아 존중감과 관련하여 대처할 준비가 됐을 때 시작해야 한다. 또한 이 치료 기법이 사용되기 전에 몇 차례 다른 놀이치료에서의 은유를 통해 책임이 가해자에게 있다는 것을 확인해야 한다.

### 적용 및 수정

가해자가 징그러운 벌레만큼 싫은 사람이라고 가정한 후 다음 회기에서 '벌레'라는 단어를 가해자의 이름 대신에 사용할 수 있을 것이다. 때로 이러한 제거는 아동이 겪은 일에 대하여 이야기하는 것을 좀 더 쉽게 만들어 준다. 이 기법은 학대에 대하여 말하고 보여 주는 단계의 일부분으로 사용되도록 고안되었다. 내담아동은 그림을 그리고 거미를 놓는다. 이는 내담자가 자신에게 끔찍한 일이 발생했음을 분명하게 표현하는 최초의 의사표현이다. 내담자는 이 경험에 대하여 '이야기를 했다'고 해서 처벌받지 않으며, 세상이 무너져 내리지 않는다는 점을 깨닫게 된다. 이는 내담자가 학대에 관해 '이야기하도록' 동기를 부여한다. 학대가 이미 알려진 경우라면, 부모나 다른 양육자가 이 그림을 볼 수 있을 때를 결정해야 한다. 그리고 징그럽고 오싹한 느낌과 관련된 이 기법을 평가의 일부로 사용할 경우 그로 인해 발생하는 관련 정보를 관계자들에게 제공하도록 한다.

이 기법을 변형해서 아동에게 거미가 제거되는 그림이나 이야기를 만들도록 하는 선택권을 제공할 수도 있다. 성적 학대 피해자에게는 거미를 제거하는 일에 수반되는 힘의 강화가 필요하다.

이 그림은 아동의 신체 일부에 '징그럽고 싫은 벌레들'이 놓여 있는 것을 보여 준다. 이 그림 작업을 통해 아동은 트라우마를 야기하는 사건에 대하여 말로 상세하게 설명할 수 있게 된다. 또한 아동은 다른 감정을 나타내기 위해 여러 개의 다른 스티커들을 추가했다.

# 너의 목소리를 찾아보자 (Finding Your Voice)

**치료 양식:** 개인

**대상:** 3~10세

**치료 단계:** 중기 작업 단계

**치료 목표**

1. 학대에 관해서 말할 수 없었던 경험에 대하여 편안하게 이야기할 수 있도록 한다.
2. 말하고자 하는 것을 이야기하지 못하거나 꺼리게 되는 경험에 관해 이야기할 수 있도록 한다.
3. 내담자에게 비밀을 털어놓는 연습을 할 기회를 제공한다.
4. 사회적 기술을 향상시킨다.

**준비물**

−에릭 칼(Eric Carle)의『진짜 조용한 귀뚜라미(The Very Quiet Cricket)』
−찍찍거리는 귀뚜라미 인형
−귀뚜라미 손가락 인형

### 진행 방법

먼저, 『진짜 조용한 귀뚜라미』를 읽도록 한다. 이 아름다운 이야기 속에서 아기 귀뚜라미는 새로운 곤충들을 계속 만나게 된다. 모든 곤충은 귀뚜라미에게 이야기를 하고 귀뚜라미는 그에 반응하려 노력한다. 그러나 귀뚜라미는 자신의 목소리를 찾을 수 없다. 모든 페이지의 마지막 부분에 저자는 "그러나 아무 일도 일어나지 않았다. 소리조차 나지 않았다."라고 적었다. 이 작은 귀뚜라미는 말하기를 간절히 원하지만 말할 수 없다. 책의 결말에서 귀뚜라미는 자신과 동일한 종류의 귀뚜라미를 만나서 이 귀뚜라미가 절대 들어본 적 없는 '가장 아름다운 소리'를 만들어 낸다. 이 책을 읽은 후 아동에게 "네가 이 작은 귀뚜라미처럼 느껴지는 상황에 대하여 생각해 보겠니?"라고 질문을 던져 본다. 학대 사실이 입증되었다면, 치료사는 보다 직접적으로 접근할 수 있다. 그런데 이러한 경우, 아동은 사건에 대하여 말하지 못한다. 그러나 오히려 귀뚜라미가 마침내 말할 수 있게 될 때 이 비유는 치료의 일환으로 사용할 수 있다.

아동에게 가해자 혹은 양육자에게 하고 싶은 말을 쓰라고 한다. 만일 학대가 지속되고 있을 가능성이 있다면 이 중재기법은 아동이 말을 할 수 있도록 용기를 줄 것이다. 아동이 말하고 싶지만 (귀뚜라미처럼) 말할 수 없던 것을 적게 한다. 이 이야기를 다시 읽고 이번에는 아동에게 소리 상자가 들어 있는 귀뚜라미 봉제 인형을 준다. 마지막 페이지에 도달하면 아동은 이 소리 상자를 눌러 귀뚜라미가 말할 수 있도록 만들어 줄 수 있다. 아동이 이 과정을 편안히 수행하게 된다면 이제 다음 단계의 중재로 나아간다. 이 단계에서는 아동으로 하여금 가해자, 보호해 주지 못한 부모, 다른 희생자 등에게 말하고 싶을 때 하고 싶은 말을 (귀뚜라미 손가락 인형을 이용해서) 연습하도록 한다. 결국 내담자는 가해자에게 편지를 쓰거나 치료사가 함께 있는 상태에서 자신을 보호해 주지 못한 부모에게 말로 이야기할 수 있게 될 것이다. 귀뚜라미가 '찌르찌르'라고 소리 내는 것을 차근차근 실행해 보는 것도 아동으로 하여금 자신도 귀뚜라미처럼 말할 수 있다는 용기를 줄 것이다.

### 진행 과정 중 가능한 질문

–귀뚜라미가 소리를 낼 수 없었을 때 귀뚜라미는 어떻게 느꼈겠니?

–귀뚜라미가 결국 말하는 방법을 알게 되었을 때 어떤 일이 일어났겠니?

–귀뚜라미가 '가장 아름다운 소리'를 만들어 낸 후에 귀뚜라미는 어떻게 느꼈을 거라고 생각하니?
–네가 말하고 싶을 때 방해하는 건 어떤 것들이 있니?
–말할 수 없지만 네가 정말로 누군가에게 말하기를 원하는 것은 어떤 것이니?

### 과제

이 치료 기법이 학대 피해자에게 사용된다면, 내담자를 상처 입힌 사람에게 하고 싶은 말을 적고 치료사에게 주어 안전한 장소에 보관하게 한다. 이 치료 기법이 수줍어하는 내담자에게 사용된다면, 내담자가 평소 인사하지 않았던 사람에게 인사를 하도록 하는 과제를 준다. 또 다른 과제로 한 사람을 정해 이번 주에 같이 게임을 하자고 요청할 수도 있다.

### 특별 고려사항

나이가 어느 정도 있는 아동은 이 책을 '유치하다'고 여길 수 있다. 그렇기 때문에 치료사는 이 기법을 사용하기 전에 내담자에 대하여 확실히 파악하도록 한다. 이 기법은 학대 피해자에게 효과적일 수 있지만, 학대의 경험이 있는 아동에게 과한 압력을 주지 않도록 주의해야 한다. 그리고 아동이 실패를 맛보지 않도록 유의해야 한다. 예를 들어, 선생님이 아동을 보고 웃게 된다면 아동은 "선생님이 저를 무시하는 것 같은 느낌이 들어요."라고 이야기하게 되고, 이는 아동으로 하여금 말하기를 연습하게 하려는 이 치료 기법의 본래 목표를 무산시킬 수 있다.

### 적용 및 수정

아동 치료를 위해 이 기법을 다양하게 적용할 수 있다. 모든 아동(또는 그 문제와 관련된 성인)은 자신의 목소리를 찾아가는 과정에 있다. 이 기법은 아동으로 하여금 중요한 것을 이야기하고 분노를 누그러뜨리고 두려움을 조절할 수 있도록 돕기 위해 고안되었다. 침묵을 깨뜨린다는 이 비유는 선택적 함묵증을 겪는 아동의 치료에 특히 효과적이다.

두 번째 질문은 "귀뚜라미가 마침내 말하는 방법을 알게 되었을 때 어떤 일이 일어났겠니?"이다. 이 이야기를 위해 동일한 종류의 다른 귀뚜라미(암컷)가 필요하다.

이 비유가 필요한 이유는 내담아동이 자신과 같은 사람이 많다는 사실을 알아야 하기 때문이다. 아동이 자신을 오픈하기 위해서는 일종의 공통점을 느껴야 한다. 이 치료 기법은 극도의 수줍음을 가지고 있는 아동에게 특히 효과적이다. 귀뚜라미 손가락 인형은 집단에 참여해서 인사하고, 같이 놀자고 요청하는 말을 연습하기 위해 사용될 수 있다. 이 기법은 분노 문제를 가진 아동에게도 유용하다. 이 기법은 내담자가 자신의 분노에 관해 말하는 것을 연습하도록 돕는다.

이 사진의 귀뚜라미는 내부에 소리 상자가 있다.

# 채널 변경하기
# (Change the Channel)

**치료 양식:** 개인/가족

**대상:** 3세~성인

**치료 단계:** 중기 작업 단계

**치료 목표**

1. 무서운 이미지에 대하여 생각해 보고 처리하도록 한다.
2. 내담자가 두려운 이미지에 대한 통제를 경험하도록 돕는다.
3. 악몽이나 회상을 줄인다.

**준비물**

-판지 상자

-은박지

-종이

-마커펜(유성펜)

-리모컨

### 진행 방법

이 기법은 아동이 말로 하기 어려운 악몽과 회상의 이미지를 분명한 사물로 연결시킬 수 있기 때문에 매우 유용하다. 아동은 대부분 아주 어린 나이부터 TV와 리모컨을 접하게 된다. 유아도 성인이 리모컨을 가지고 있는 것을 보고 배우기 때문에 리모컨을 가지고 노는 것을 좋아한다(더구나 리모컨에는 재미있는 버튼이 많다). 일단 유아는 버튼을 눌러서 화면이나 소리를 즉각적으로 바꿀 수 있다는 것을 발견하게 되면 계속 해 보려고 할 것이다. 이렇게 원인과 결과가 즉각적으로 발생하는 것은 유아들로 하여금 환경에 영향을 미치게 할 수 있는 자기 효능감을 경험하게 하는 셈이다.

악몽과 반복되는 회상으로 고통받는 아동은 그것에 대하여 아무것도 할 수 없다는 무력감을 경험한다. 이러한 상태에 대하여 아동은 매일 꿈에 '시달리는' 것 같다고 묘사한다. 이 기법은 이러한 아동에게 힘을 부여하기 위해 고안되었다.

먼저, 아동이 종종 경험하는 악몽에 대하여 그림을 그려 보게 한다. 그림이 완성된 후 치료사는 내담자에게 악몽의 '힘을 빼앗거나' '무섭지 않게' 여겨지는 방식으로 악몽을 바꿔 보라고 권유한다. 이러한 기법은 악몽 치료에 기본이 되는 치료 과정이다. 이제 치료사는 TV 비유를 사용한다. 치료사는 아동과 함께 판지를 이용해 TV를 만든다. 그리고 내담자의 악몽이 그려진 종이가 보일 만한 크기로 잘라 낸다. 아동에게 리모컨을 준다. 오래된 리모컨은 가까운 중고품 가게에서 구할 수 있다(타켓, 월마트, 서킷시티 같은 곳에서는 오래되거나 여분의 것이거나 고장난 것을 기꺼이 줄 것이다). 아동은 리모컨을 집에 가져가 잠을 잘 때 가지고 잔다. 적당한 리모컨을 찾지 못했다면 직접 만들 수도 있다. 만일 리모컨을 만들기로 했다면 치료사와 아동은 원하는 대로 리모컨을 만들 수 있다. 예를 들면, 어떤 버튼을 누르면 "괴물이 나를 쫓아와."라는 무서운 꿈을 표현할 수 있고, 또 다른 버튼을 누르면 이 무서운 꿈을 "괴물이 '반짝 반짝 작은 별'을 노래해."라는 꿈으로 바꿀 수 있다.

아동이 무서운 꿈을 대신할 수 있는 몇 개의 다른 결말을 만들어 보도록 격려한다. 예를 들면, 앞서 언급한 꿈에서 괴물은 동요를 불렀다. 다른 결말은 아동이 초인적 힘을 가지고 괴물의 머리에 대담하게 낙하한 후, 괴물을 팬케이크처럼 납작하게 만드는 것이다. 그런데 이는 난폭한 짓을 조장한다. 무서운 꿈을 대신하는 꿈은 재미있거나 특이해야 한다. 그림이 부착된 TV 뒤로 이동하여 스크린 위로 악몽 그림을 들어올린다. 이제 내담자는 악몽을 통제할 수 있는 힘이 실린 문장을 말하면서 리모컨을 사용해 '채널 변경' 버튼을 누른다. "내 화면에서 없어져." "나는 다른 것을 보고 있어."라는 문장들이 그 예이다. 치료사는 아동이 채널을 변경할 때 바뀐 이미지들 중의 하나를 재빨리 들어 올리도록 한다.

### 진행 과정 중 가능한 질문

- 꿈 중에서 가장 무서운 장면에 대하여 이야기해 보겠니?
- 바뀐 꿈 중에 가장 맘에 드는 장면은 뭐니?
- 누가 리모컨을 관리하니?
- 채널 변경하기가 도움이 되었던 때는 언제니?

### 과제

이번 주에 매일 밤마다 리모컨을 옆에 두고 자도록 한다. TV 화면이 벽에 걸려 있다고 생각하도록 한다. 악몽을 다시 상상할 필요는 없지만, 매일 밤 자기 전에 내담자가 만든 행복한 결말의 꿈으로 변하기 위해 리모컨을 '누르도록' 한다. 다음 회기에서 이 경험에 대하여 이야기할 수 있도록 준비한다.

### 특별 고려사항

외상 후 스트레스 장애로 고통을 받고 있는 아동은 비유 치료 기법 외에도 트라우마를 재현하는 과정과 직접적 이야기라는 중재 과정이 필요하다. 악몽이나 회상을 야기하는 트라우마는 반드시 치료되어야 한다. 또한 아동이 현재 생활에 적응할 수 있도록 도와주는 진정 훈련 과정은 이 기법 수행 전에 완료되어야 한다.

### 적용 및 수정

이 치료 기법은 내담아동과 일대일로 수행할 때 가장 효과적이다. 이 치료 기법은 내담자를 두렵게 할 수 있기 때문에 치료사의 관심과 지지는 아동이 대체 이미지를 만들어 내는 데 도움이 될 것이다. 또한 이미지가 트라우마의 기저에 놓여 있는 경우, 아동의 트라우마가 다시 발현되려고 할 때 진정 훈련, 자유로운 놀이, 현실 적응 훈련을 실시하도록 한다. 이 기법은 가족에게도 효과적이다. 부모는 아동이 경험하는 무서운 이미지의 특성을 파악하고 대체 이미지를 만들어 낼 수 있도록 도울 수 있다. 그리고 채널 변경을 위한 힘을 부여하고 이를 지지할 수 있다. 또한 부모는 매일 밤 잠자리에서 이 과정을 반복함으로써 이 기법의 효과를 강화할 수 있다.

제8장

# 문제해결과 그 밖의 다른 대처 전략

## (Problem Solving and Other Coping Strategies)

# 왕에게 던져라
## (Dump It on the King)

**치료 양식**: 집단/가족

**대상**: 6세~성인

**치료 단계**: 중기 작업 단계

**치료 목표**

1. 도움을 요청하는 연습을 한다.
2. 문제해결 전략을 연습한다.
3. 다른 사람에게서 도움을 받는다.
4. 희망의 감정을 확장하도록 한다.

**준비물**

–왕(왕비)의 왕관

–(왕이 왕권의 상징으로 드는) 홀

–작은 쓰레기통

–펜

–종이

### 진행 방법

먼저, 해결할 수 없는 문제와 관련된 경험에 관해 이야기한다. 치료사와 내담자가 함께 몇 가지 예를 제시하고, 현명한 사람의 말을 듣는 것이 얼마나 도움이 되었는지 이야기해 본다. 그런 다음 내담자에게 해결할 수 없는 문제에 대하여 적도록 하되 질문 형식으로 적도록 한다. 각 참여자들이 모두 왕이 될 기회를 갖게 된다고 설명한다. 그들은 왕관을 쓰고 홀을 든 채로 조금 높은 곳에 있는 고상한 위치에 앉거나 설 수 있을 것이다. 해결할 수 없는 모든 질문을 적은 종이는 작은 쓰레기통 안으로 던져질 것이다. 그러면 집단 구성원 중에 다른 집단 구성원이 충실한 신하를 연기하는데, 신하가 쓰레기통 안의 질문을 꺼내서 읽으면 해결책을 줄 수 있는 왕은 그 문제를 듣는다. 이것은 아동에게 왕이 되어 해결책을 내놓을 수 있는 지혜로운 위치를 부여하는 기법인데, 대부분의 아동은 전문가 역할을 하는 것을 좋아한다. 자신의 문제에 대한 해결책을 내놓지 못했던 아동도 이제 '권위'를 가지고 다른 관점에서 생각하게 되고, 다른 누군가를 위해서 훌륭한 조언을 생각해 낼 수 있다.

이 게임의 중요한 규칙은 왕은 훌륭한 조언을 해 주어야 한다는 것이다. 예를 들어, "그를 두들겨 패."와 같은 터무니없는 조언을 주는 아동은 폐위되고, 다시 자기 순서가 왔을 때 왕이 될 수 있는 기회를 다시 얻게 된다. 또 다른 중요한 규칙은 어떤 문제가 집단 구성원 중 한 명에 의해 생긴 것이라고 소리 내어 추측해서는 안 된다는 것이다. 게임의 규칙 중 중요한 것은 누구의 문제인지는 익명으로 다루어야 한다는 것이다. 문제를 없애는 활동을 통해 문제해결을 질문했던 아동은 조언을 얻을 수 있게 된다. 조언을 들을 때 아동의 저항은 감소하게 되는데, 이는 '왕'이 내리는 '해결책'은 같은 또래 아동으로서가 아니라 신하에게 주는 조언을 듣는 것이기 때문이다. 만약 왕이 조언을 주지 못하는 등의 곤란한 상태에 빠지면 왕은 집단 구성원을 '왕실 고문'으로 임명하여 해결책을 도출하도록 돕게 할 수 있다.

### 진행 과정 중 가능한 질문

- 왕이 되는 것은 어떤 기분이니?
- 너는 왕으로서 어떤 해결책을 내놓았니? 그리고 이 해결책이 효과가 있을 것이라고 어떻게 결정했니?
- 왕에게 던진 문제에 대하여 네가 얻은 새로운 해결책은 무엇이니?

### 과제

왕이 문제에 대처하기 위해 아동에게 준 전략들 중 하나를 시도해 보고, 효과가 있었는지 다음 시간에 이야기해 보도록 한다.

### 특별 고려사항

이 활동은 읽기와 쓰기가 필요하기 때문에 학습장애를 가진 아동에게는 어려울 수 있다. 그렇지만 필요하다면 치료사가 쓰거나 읽어 줄 수 있다. 또한 수줍음이 많고 내성적인 아동은 주목받고 싶지 않아서 왕이 되기를 거부할 수도 있다. 이런 경우에는 왕이 되지 않고 옆에서 진행 과정을 관찰하도록 할 수 있지만, 왕에게 줄 문제는 만들도록 해야 한다.

### 적용 및 수정

이 기법은 모든 종류의 어려움이 있는 아동에게 적용될 수 있다. 아동이 가진 문제를 질문의 형식으로 만들어 그 후 왕에게 던지도록 한다. 이 기법은 가족에게 사용될 수도 있다. 가족 체계를 포함하는 문제가 생긴다면, 모든 가족 집단 구성원은 차례로 왕이 되어 그 문제에 대한 해결책을 도출하도록 한다.

또한 이 기법은 종결 활동으로 수정되어 사용될 수도 있다. 이 경우 질문은 치료사가 만들고, 그 질문 속에는 치료 과정이 반영되도록 한다. 질문의 예로는 "맨 처음 치료를 받으러 올 때 무엇을 걱정했니?" "치료에서 무엇을 알게 되었니?" "치료 시간을 기억하는 너만의 방법은 어떤 게 있니?" 등이 될 수 있다. 각 참여자는 차례로 왕이 된 후, 치료 과정을 통해 얻은 것을 공유한다.

이 사진은 '왕에게 던져라' 기법에 사용할 수 있는 작은 쓰레기통 및 왕과 왕비를 위한 다양한 왕관들이다. 활동이 끝난 후 아동은 자신의 왕관을 만들어 집에 가져갈 수 있다.

# 벽을 무너뜨려라
# (Break Down the Walls)

**❶ 치료 양식**: 집단/가족

**❶ 대상**: 5세~성인

**❶ 치료 단계**: 중기 작업 단계

**❶ 치료 목표**

1. 사회적 고립감을 감소시킨다.
2. 새로운 대처 방법을 사용하기 위해 아동에게 힘을 부여한다.
3. 지지를 받음으로써 사회적으로 연결되었다는 아동의 느낌을 향상시킨다.

**❶ 준비물**

–침대 시트처럼 말 수 있는 플라스틱 시트

–낡은 침대 시트

–비닐 랩 또는 은박지

–물감/마커펜(유성펜) 등

### 진행 방법

먼저, 치료사는 수줍음의 벽, 걱정의 벽, 폭력의 벽, 수치심의 벽 등 우리가 우리 자신의 주변에 건설할 수 있는 벽의 종류에 대하여 이야기한다. 몇 년 전에 나는 플라스틱 '벽돌'로 만들어진 조립식의 긴 벽을 접하게 되었다. 이후로 이 벽은 치료적 은유들을 표현하는 데 사용할 수 있는 멋진 소품이 되어 많이 활용되고 있다.

집단 구성원은 이 활동을 하기 위해 벽을 만든다. 만약 처음부터 벽을 만든다면 이 활동에 두 회기가 소요될 것이다. 플라스틱 판 또는 오래된 침대 시트를 긴 조각으로 자른 후 이들을 붙이고 색칠하여 길고 낮은 벽돌로 만들어진 벽을 나타내도록 한다. 비닐 랩이나 은박지로도 가능하다. 얼마나 창조적인가! 가능한 재료를 생각해 본 다음 재료로 사용해 보도록 한다. 벽이 완성되면 중앙에 서서 벽에 둘러싸일 집단 구성원을 선택한다.

집단은 중앙에 있는 사람을 둘러쌀 벽의 종류를 선택할 수 있다. 중앙에 있는 사람을 돕기 위해 부끄러움(사회적 고립)의 벽을 선택할 수 있고, 각 집단 구성원은 벽으로 둘러싸인 내담자가 시도할 전략을 생각해 내도록 한다. 이 활동은 또래의 친구를 놀이로 초대하는 것이다. 내담자는 스스로 "다른 사람은 아직 날 모를 뿐이야, 날 싫어하지 않아."라고 말할 수 있다. 모든 집단 구성원은 벽에 둘러싸인 내담자를 구할 자신의 전략을 말할 수 있다. 이 전략이 효과가 있다면 이 아이디어를 생각해 낸 내담자는 벽의 일부분을 허물 수 있다. 이 활동은 집단이 벽을 완전히 허물어 벽에 둘러싸인 내담자가 자유로워질 때까지 계속된다.

### 진행 과정 중 가능한 질문

- 벽으로 둘러싸일 때 어떤 기분이 들었니? 움직이기 힘들었니? 의사소통은 어려웠니? 왜 그랬니?
- 친구가 너를 풀어 주기 위해 낸 아이디어는 어떤 것들이었니?
- 친구를 풀려나도록 돕는 것은 어떤 기분이 들었니?
- 친구가 생각해 낸 것 중에 가장 유용한 전략은 무엇이었니?
- 일상에서 어떻게 사용할 수 있겠니?

### 과제

다음 방문 전에 실제 생활에서 벽을 무너뜨리는 데 도움을 줄 아이디어를 사용해 보고, 다음 시간에 이에 관해 이야기하도록 준비해 온다.

### 특별 고려사항

학대 생존 아동은 벽에 둘러싸이는 것을 원하지 않을 수 있다. 그런 아동에게는 그들의 경계를 존중해 주고, 게임 전체에서 조력자의 역할을 수행하도록 한다. 그들은 다른 집단 구성원이 벽에 둘러싸이고 풀려나는 과정을 지켜보고 난 후 시도하기를 원할 수도 있다. 어느 쪽이든 대처 전략에 관련하여 일어나는 이 모든 활동은 그들에게 도움이 될 것이다.

### 적용 및 수정

이 기법은 집단에서 최대의 치료 효과를 낼 수 있다. 내담자는 자신의 대처 전략을 향상시킬 뿐만 아니라 서로 돕기 위해 자신의 문제해결 전략을 사용하기도 한다. 벽에 둘러싸인 내담자는 자신이 풀려나기를 원하는 지지자들로 인해 신체적으로 자유로워지는 경험을 하게 된다. 그런 다음 내담자는 다른 사람이 자유로워지는 것을 도울 수 있게 된다. 동시에 모든 집단 구성원은 삶의 문제에 대처하는 창의적인 전략을 연습하고 실천할 수 있다. 내담자가 풀려나게 하려면 전체 회기가 걸릴 수도 있다. 치료사는 모든 내담자가 차례로 벽에 둘러싸이는 경험을 하도록 만들기 위해 이 경험을 주제로 5~6회기에 걸친 커리큘럼을 구성할 수도 있다. 매주 벽을 통해 나타낼 수 있는 다른 치료 주제를 선택할 수 있다. 예를 들어, 우리 주변의 분노의 벽을 허무는 경험을 통해 분노 관리 전략이 만들어질 수 있다. 그 다음 주에는 걱정의 벽을 무너뜨려 불안 감소 전략을 만들어 볼 수 있다.

이 기법은 가족에게도 적용 가능하지만, 이때의 벽은 사람들 간의 건강한 경계선 유지를 위한 비유로 사용되는 경우가 많을 것이다. 예를 들면, 가족 치료의 구조적 접근법에서 가족 집단 구성원은 가장 가깝다고 여기는 사람과 함께 그들 주변에 벽을 만든다. 이때 벽이 약해지면서 서로 간의 결속력이 강해지는 경험의 장 · 단점을 가족 집단 구성원들이 파악하도록 돕는다. 궁극적으로 벽은 누구도 완전히 감쌀 수 없다. 하지만 가족 집단 구성원들 간에는 벽이 낮고 건전한 경계선의 기능을 할 수는 있다.

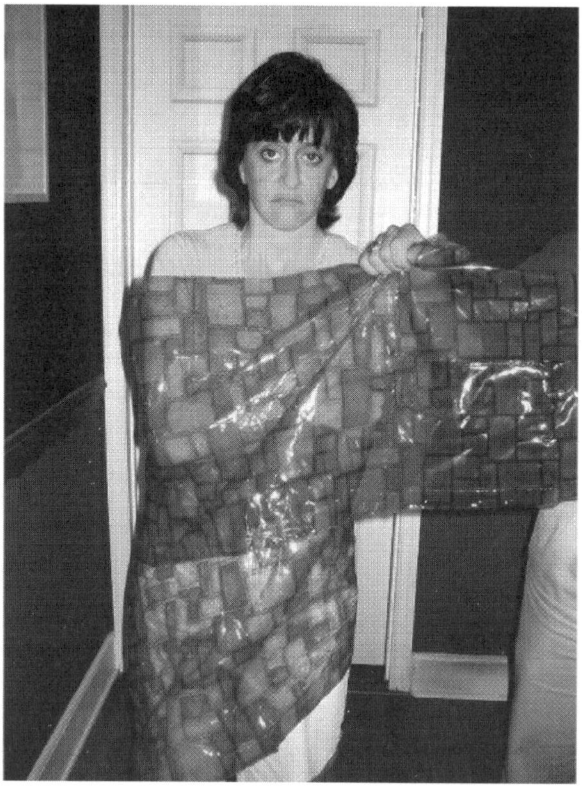

이 사진에서는 내담자를 둘러싼 플라스틱 시트로 만들어진 벽이 허물어지고 있다.

# 빗속에서 노래 부르기
## (Singing in the Rain)

**치료 양식:** 개인/집단/가족

**대상:** 5세~성인

**치료 단계:** 중기 작업 단계

**치료 목표**

1. 점차 나타나는 우울증의 증상을 알아차린다.
2. 우울증을 막기 위한 대처 전략을 규명한다.
3. 부정적 자기 대화를 긍정적인 것으로 대체한다.
4. 우울증으로 빠져들 위험으로부터 내담자가 자신을 '보호'할 수 있도록 힘을 부여한다.

**준비물**

–다양한 색의 우산이나 우산 모자

–검은색 마커펜(유성펜)

### 진행 방법

먼저, 폭우란 우울증과 같다고 비교해 본다. 내담자는 일상에 아무런 문제가 없다가 갑자기 우울해진다고 믿고 있을 것이다. 폭우와 우울증의 비교를 통해 내담자가 우울증의 징후가 존재한다는 사실을 이해하도록 도울 수 있다. 예를 들어, 바쁜 일을 하는 도중 창문 밖을 바라보았는데, 비가 쏟아진다는 사실을 갑자기 알게 된다. 하지만 내담자가 적극적으로 징후를 찾고 있었다면, 공기가 더욱 습해지고 하늘이 어두워지고 먼 곳에서 천둥이 치는 것을 알아차렸을 것이다. 또는 TV를 켜고 기상캐스터가 곧 비가 내릴 것이라고 말하는 것을 들을 수도 있었을 것이다. 우울증도 같은 방식을 통해 징후를 발견할 수 있다고 설명한다. 기법 활용을 위해 이제 우울했던 과거의 경우를 회상해 보도록 한다. 그때 내담자에게 무슨 일이 일어나기 시작했는지, 내담자의 주변에 무슨 일이 일어나기 시작했는지를 생각해 본다. 우울증을 묘사하는 데 있어 치료사의 도움을 필요로 할 수도 있다. 이때 다음의 목록이 도움이 될 것이다.

–항상 잠자기를 원하는 것
–수업 중에 집중하기 어렵고 과제 완수가 힘든 상태
–스스로 자신에 대한 부정적인 점을 말하는 것
–제대로 먹지 않는 것
–친구와 충분한 시간을 보내지 않는 것

내담자는 이러한 징후를 인식하고, 자신에게 그런 징후가 있었다고 놀랄 수 있다. 다시 폭풍우의 비유로 돌아가서, "만약 네가 비가 온다는 것을 알지 못했다면 준비를 할 수 없으니 비를 맞고 다 젖을 거야. 만약 비가 내릴 것을 알았다면 무엇을 했겠니?"라고 질문한다. 대부분의 내담자는 실내에 머물거나 우산을 쓰겠다고 대답한다. 이제 치료사는 작고 다양한 색상으로 이루어진 우산을 보여 준다. 이 우산은 내담자를 인생의 폭우, 즉 우울증으로부터 보호해 줄 것이라고 말한다. 이 우산은 세로로 대여섯 가지 색상의 줄무늬가 있다. 내담자는 각 색상에 우울 증상 대처 전략을 적는다. 예를 들어, '친구와 시간을 보내기' '규칙적으로 약 먹기' '몸에 좋은 음식 먹기' 등을 적을 수 있다. 내담자마다 특정 대처 전략이 다를 수 있지만, 대부분

바람직한 생활 방식을 구성하는 일들로 목록을 작성하도록 한다.

### 진행 과정 중 가능한 질문

- 우울증이 나타날 거라는 징후는 무엇이겠니?
- 너는 우울증에 빠질지 아닐지를 선택할 수 있니? 그 이유는 무엇이니?
- 비에 젖는 것을 피하도록 도와줄 전략으로는 어떤 것들이 있겠니?
- 이 우산을 어떻게 사용할 거니?

### 과제

우산에 쓴 대처 전략 중 하나를 선택하여 이번 주 동안 매일 해 보도록 한다. 만약 '몸에 좋은 음식 먹기'를 선택한 경우, 제대로 된 식단으로 세 끼를 먹도록 한다. 내담자는 이번 주에 사용할 전략을 선택할 수 있으며, 이에 대하여 다음 시간에 이야기해 보도록 한다.

### 특별 고려사항

심각한 우울증을 겪는 모든 내담자에게 치료사는 자살충동을 평가하고 '자살하지 않음' 계약서에 서명하도록 해야 한다. 또한 행동 훈련을 실시하기 전에 약물 사용을 알아보기 위한 정신과 평가를 추천한다. 학령전기 아동의 경우, 우울증의 징후가 어른과 달리 다양한 방법(짜증, 산만, 공격성)으로 나타난다. 그러므로 치료사는 아동의 상태를 잘 파악하기 위해 관찰을 해야 한다. 어린 아동의 경우, 치료사와 아동이 찾아낸 방법으로서 우산이 이 아동을 폭우로부터 스스로 자신을 보호할 수 있도록 도와준다는 방법과 엄마 또는 아빠가 우울한 아동을 도와주는 방법을 비교하여 부모상담 시에 도움을 줄 수 있을 것이다.

### 적용 및 수정

급박한 위험이나 불편함으로부터 보호할 수 있는 대처 전략이 만들어지는 우산을 사용한 비유는 다양한 상황에 적용될 수 있다. 긍정적인 자기 대화 문구를 우산에 적을 수도 있고, 이 긍정적 대화문은 또래 친구가 보내는 부정적 메시지를 차단할 때도 도움이 된다.

또한 신체적 또는 성적으로 다시는 학대를 받지 않을 것이라는 가능성을 증가시키는 전략을 우산에 적고 연습할 수도 있다. 우산에 적힌 분노를 제어하고 줄여 나가는 전략은 문제를 일으키는 폭력적인 감정의 폭발로부터 아동을 보호해 주는 역할을 할 수 있다. 대처 전략은 이처럼 다양하다.

이 기법은 종결 단계에서 아동이 치료에서 알게 된 건강한 삶을 위한 몇 가지 전략을 검토하는 데 사용할 수도 있다. 아동에게 우산을 주고 전략을 쓰게 하는 것은 "나는 네가 도움이 필요할 때 스스로를 돌볼 수 있고, 네가 필요로 하는 도움을 얻을 수 있다는 것을 믿고 있어."라는 메시지를 전달할 것이다. 또한 이 기법은 집단에서도 사용될 수 있다. 집단의 모든 참여자는 자신의 대처 전략 우산을 가질 수도 있고, 집단 활동 안에서의 경험은 그들의 삶에서 일어난 일로부터 자신을 보호할 수 있는 방법을 상기시켜 주며, 이들은 항상 우산을 소유함으로써 대처 전략을 기억할 수 있을 것이다.

이 사진의 우산은 우울증이 있는 내담자가 건강해지기 위해 사용할 수 있는 많은 대처 전략을 보여 준다. 우산의 두 부분이 비어 있는데, 이는 내담자가 자신의 특수한 상황이나 삶에서 스트레스를 유발하는 요인에 대처하기 위한 특정한 전략을 적어야 하기 때문이다.

# 멍 없애기
# (Lose the Bruise)

**치료 양식**: 개인/집단

**대상**: 5세~성인

**치료 단계**: 중기 작업 단계

**치료 목표**

1. 내담자가 정신적 또는 육체적으로 받은 상처를 확인하고 말로 표현한다.
2. 그 상처를 다루기 위한 대처 전략을 개발한다.
3. 빠른 실행을 위한 전략이 필요한 경우 역할극을 통해 연습한다.

**준비물**

–감정을 표현하는 얼굴이 그려진 작은 공(얼굴에는 멍이 들어 있고, 반창고가 붙어 있음)
–플라스틱 칼
–플라스틱 방패
–플라스틱 헬멧

### 진행 방법

먼저, 내담자에게 킥볼을 보여 주고, 킥볼의 멍과 찰과상을 타인의 말과 행동으로 인해 상처받을 때 받는 찰과상과 멍에 비교해 본다. 내담자와 치료사는 함께 킥볼이 멍이 들게 된 이야기를 만들어 본다. 치료사와 내담자는 각각 물리적 멍이 들게 된 이야기와 감정적 멍이 들게 된 이야기를 만들어 본다. 이러한 이야기의 예를 들어 보자. "이 킥볼은 학교에서 몇몇 다른 킥볼들에게 축구를 하자고 제안했지만, 그들은 이 킥볼을 비웃었고 그가 게임에서 너무 많이 졌다고 조롱했어."라고 이야기를 만들어 볼 수 있다. 치료사는 각 킥볼에 대한 시나리오를 작성한다. 모든 멍에 대한 이야기를 만든 후, 멍이 들기 전에 상처를 피할 수 있는 방법을 생각해 본다. 그런 다음 내담자에게 타인(특히 또래)으로부터 받는 상처를 피하게 도와줄 특정한 전략을 만들어야 한다고 설명한다.

이 전략은 긍정적 자기 대화를 수행하며, 내담자가 놀자고 요청하는 친구와의 관계에서 지혜롭게 대처하고, 그를 지지하고 격려하는 성인의 존재를 찾아내고 또래의 말을 웃어넘기는 것들을 포함한다. 내담자가 효과를 발휘할 수 있는 특정한 전략을 만들어 내도록 돕는 것은 너무 중요하다. 그렇지 않으면 내담자는 이 치료 과정을 받아들이지 못하기 때문이다.

이제 내담자와 치료사는 시나리오에 따라 역할극을 한다. 치료사는 (말이나 주먹으로) 내담자를 상처 입히는 친구 역할을 맡는다. 치료사는 상처를 주는 말이나 행동을 하면서 내담자를 향해 멍이 든 킥볼(상처에 대한 은유)을 던진다. 내담자에게는 방패와 칼이 주어진다. 내담자가 해야 할 일은 킥볼을 멀리 쳐내면서 상처를 피하기 위해 대처 전략 중 한 가지를 연습하는 것이다. 이 기법은 볼을 쳐내는 것이 아주 재미있다고 생각하는 학령기 아동에게 특히 효과적이다.

### 진행 과정 중 가능한 질문

－우리가 상처 입을 수 있는 다른 방식은 어떤 게 있겠니?
－상처가 다가오는 것을 볼 수 있었니?
－상처를 막기 위해 어떻게 했니?
－어떤 대처 전략이 너에게 가장 자연스럽게 느껴지니?
－대처 전략을 사용해 상처를 피하려고 할 때는 언제니?

### 과제

기법 활동 중에서 내담자에게 가장 자연스럽게 느껴지는 대처 전략을 선택하도록 한다. 이번 주에 경험한 일 중에서 상처가 다가오는 상황을 발견하고, 그 상처를 피할 수 있는 전략을 사용해 본다. 매일 밤 잠자리에 들기 전 잠시 동안 놀이치료실에서 자신이 사용한 방패를 상상하는 시간을 갖도록 한다. 또한 낮 동안 일어나는 다른 상황에서 방패를 사용하는 것을 상상하도록 한다.

### 특별 고려사항

가상의 상황을 연기하는 것을 어려워하는 내담자는 치료사가 내담자에게 상처가 되는 말을 하고 그러한 상황을 조성할 때 치료사와 '같이 활동하는 것'을 힘들어할 수 있다. 이들은 치료사가 더 이상 자신의 편이 아니라고 느낄지도 모른다. 이러한 가능성을 미리 예측하고, 내담자에게 상처를 주는 공격자의 역할을 대신할 수 있는 인형을 준비한다.

### 적용 및 수정

이 기법은 주로 내담자가 대처 기술을 연습하고 만드는 것을 돕기 위해 고안되었다. 그러나 '멍 없애기' 기법은 상황에 맞춰 수정되어 적용 가능하다. 내담자가 맞서야 하는 상처들은 언어폭력, 왕따, 슬픔, 상실 문제까지 다양하다. 이 기법은 집단에 적용될 수도 있다. 이 경우에 각 집단 구성원은 한 개의 킥볼을 받고 킥볼이 어떻게 다쳤는지에 대한 이야기를 만든다. (집단이 유용한 전략을 만들어 낸 후) 내담자는 그 킥볼을 피해야 하는 다른 집단 구성원에게 상처를 '던져 본다'.

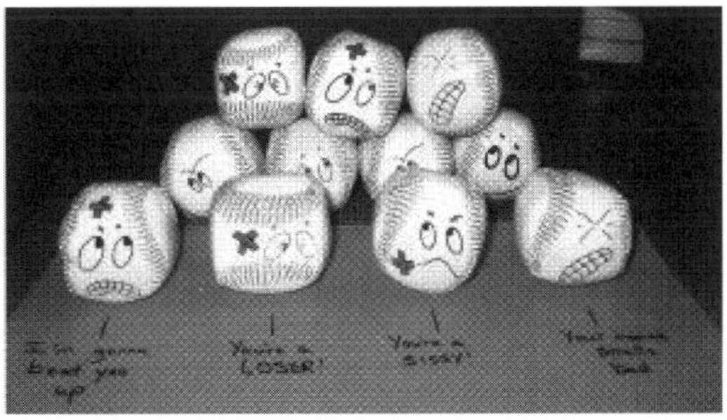


이 사진에서 보이는 것은 멍을 보여 주기 위해 사용될 수 있는 킥볼이다. 킥볼 아래에는 또래 친구들이 내담자에게 던진 '멍을 야기하는 단어'들이 적혀 있다.

# 지혜의 깃털
# (Wisdom Feathers)

**치료 양식**: 개인/집단/가족

**대상**: 5세~성인

**치료 단계**: 초기/중기 작업/종결 단계

**치료 목표**

1. 문제해결 능력을 개발한다.
2. 필요할 때 빠른 이행을 위한 문제해결 능력을 연습한다.
3. 집단에게 도움이 되는 경험을 통해 자아 존중감을 향상시킨다.

**준비물**

–점토

–밝은 색깔의 깃털

–크고 부리부리한 플라스틱 눈 한 세트

–부엉이 인형(손 인형 또는 손가락 인형)

**진행 방법**

먼저, 부엉이가 얼마나 지혜로운지에 대하여 이야기해 본다. 내담자에게 부엉이는 숲에 살고 있으며, 부엉이가 사는 숲에 있는 모든 작은 동물은 문제가 있을 때 어떻게 해야 할지 파악하기 위해 부엉이의 도움을 받는다고 설명한다. 내담자에게 문제가 있을 때마다 숲으로 여행을 갈 수는 없지만, 놀이치료실에 있는 부엉이를 자신의 부엉이로 만들 수 있다고 알려 준다. 이를 통해 내담자는 필요할 때마다 부엉이에게 조언을 요청할 수 있다.

이제 부엉이를 만드는 활동을 한다. 부엉이의 몸을 먼저 만들고, 그 몸을 깃털로 덮는다. 이 부엉이는 완전히 새롭게 만들어진 부엉이기 때문에 지혜를 부여받아야 한다. 집단은 점토로 부엉이의 몸을 만들고, 부리부리한 눈과 부리를 붙인다. 각 집단 구성원은 차례로 부엉이가 되어 본다(내담자는 자신의 차례에 부엉이 인형을 사용해도 좋다). 다른 집단 구성원은 '많은 아동이 어려워하는' 문제에 대하여 같이 생각해 본다. 지혜로운 부엉이 역할을 맡은 내담자는 그 문제에 대하여 적어도 하나의 해결책을 만들어 내야 한다. 이 해결책을 적은 후, 비어 있는 부엉이 내부에 '저장할' 수도 있다. 그리고 부엉이 역할을 맡은 아동은 집단 구성원들이 적어 놓은 해결책을 사용하거나 문제를 가지고 있는 집단 구성원이 그 단계를 통과하도록 도울 수 있다. 합리적인 해결책이 도출될 때마다 내담자는 점토를 사용해 부엉이에게 깃털을 붙여야 한다. 부엉이 활동은 한 회기에서 끝나지 않을 수도 있으나, 문제해결 단계 과정을 이행하기 위해서 치료 일정을 수정할 수 있다. 향후 있을 집단 회기에서 내담자에게 문제가 있을 때, 치료사는 부엉이와 깃털을 가져와 모든 문제해결 회기에 걸쳐 집단 구성원들이 부엉이에게 깃털을 붙이도록 한다.

**진행 과정 중 가능한 질문**

문제해결 과정의 단계를 목록으로 작성한다.

–가장 쉬운 단계는 어떤 거니?

–가장 어려운 단계는 어떤 거니?

–문제에 대처하도록 돕기 위해 부엉이가 제시한 유용한 제안은 무엇이니?

**과제**

문제가 생길 때 지혜로운 부엉이의 제안대로 시도해 본다. 시도해 본 후, 효과가 있는지에 대하여 다음 시간에 이야기하도록 한다.

**특별 고려사항**

일부 내담자는 문제를 해결하는 과정이 너무 생소해서 문제에 직면하는 것을 극복하지 못할 수 있다. 이 경우에는 각 단계를 끝내면 깃털을 받을 수 있다. 예를 들어, 내담자가 문제가 무엇인지 밝혀냈다면 내담자는 깃털을 얻는다. 내담자가 3단계 과정을 완수할 경우 세 개의 깃털을 얻게 된다.

**적용 및 수정**

이 기법은 내담자가 문제해결 과정을 이행하는 것을 훈련할 수 있도록 돕는 수단이다. 그러므로 이 기법은 양극성질환으로 고통받는 아동부터 주의력결핍장애 아동까지 어떤 내담자에게도 적용할 수 있다. 이 기법은 집단을 위한 것이긴 하지만, 미니 부엉이를 만들어 개별 내담자에게도 사용할 수 있다.

또 다른 흥미로운 방식은 가족에게 적용하는 것이다. 치료사는 가족 모두가 현명한 부엉이를 만들도록 돕는다. 가족은 부엉이를 집으로 가져간 다음 거실의 테이블 가운데에 올려놓는다. 이는 가족이 훈련해야 할 문제해결 과정 단계를 가족에게 상기시켜 주기 위해서이다.

Note

# 참고문헌

Accorsi, W. (1999). *10 Button Book*. NY: Workman Publishing.

Boyd-Webb, N. (1991). *Play Therapy with Children in Crisis: A Casebook for Practitioners*. NY: Guilford Press.

Carle, E. (1990). *The Very Quiet Cricket*. NY: Philomel Books.

Carle, E. (1996). *Little Cloud*. NY: Philomel Books.

Curtis, J. L. (2000). *Where Do Balloons Go? An Uplifting Mystery*. NY: Joanne Cotler Books.

Davis, N. PhD. (1996). *Once Upon a Time...Therapeutic Stories that Teach and Heal*. Distributed by the Self-Esteem Shop.

Gil, E. (1991). *The Healing Powers of Play: Working with Abused Children*. NY: Guilford Press.

Gil, E. (1994). *Play in Family Therapy*. NY: Guilford Press.

James, B. (1989). *Treating Traumatized Children: New Insights and Creative Interventions*. NY: The Free Press.

Knell, S. (1993). *Cognitive-Behavioral Play Therapy*. NJ: Jason Aronson.

Kubler-Ross, Elisabeth, M. D. (1969). *On Death and Dying*. NY: Touchstone.

O'Conner, K. J. (1983). The Color Your Life Technique. In C. E. Schaefer & K. J. O'Conner (Eds.), *Handbook of Play Therapy*. NY: John Wiley & Sons.

Ransom, J. F. (2000). *I Don't Want to Talk about It*. WA: Magination Publishers.

Shaw, C. G. (1947). *It Looked Like Split Milk*. NY: Harper Festival Publishers.

Sweeney, D. S., & Homeyer, L. E. (Eds.). (1999). *The Handbook of Group Play Therapy: How to Do It, How It Works, Whom It's Best for*. San Francisco, CA: Jossey-Bass, Inc.

Note

## 저자 소개

**Paris Goodyear-Brown**은 가족과 아동들 대상 임상사회복지사이면서 놀이치료사 슈퍼바이저 자격을 가지고 있다. 최근에는 개인 치료사로 일하고 있고, Vanderbilt 대학교에서 정신간호 프로그램을, Tennessee's 대학과 대학원에서 사회복지학, 그리고 Trevecca Nazarene 대학원에서 심리학, 결혼과 가족 프로그램을 강의하고 있다.

그녀는 이론적 개입 전략의 틀을 깨고 경험에 근거한 실용적인 놀이치료 전략을 만든 역동적이고 혁신적인 치료사로서 국제적으로 알려져 있다.

저서로는 『Digging for Buried Treasure』와 『Gabby the Gecko』가 있다. 그녀는 새로운 놀이치료 기법을 훈련하기 위한 〈10 Peas in a Pod〉란 제목의 DVD의 공동제작자이기도 하다.

Paris의 홈페이지 www.parisandme.com에 가면 놀이치료 자료와 워크숍 참여에 대한 정보를 제공받을 수 있다. 놀이치료 훈련, 슈퍼비전, 자문을 받기 위해서는 www.parisandme.com이나 전화 615-397-9480으로 연락하기 바란다.

## 역자 소개

**안명현**

명지대학교 사회교육대학원 예술심리치료학과 객원교수

봄아동청소년심리발달센터 대표

**윤영숙**

숭실대학교 교육대학원 유아교육과 겸임교수

윤영숙 아동연구소 소장

**이선아**

루터대학교 언어치료학과 교수

이선아언어심리상담센터 자문교수

**최지경**

명지대학교 아동학과 겸임교수

**이행숙**

명지대학교 아동학과 객원교수

**양선영**

명지대학교 아동학과 객원교수

**서종미**

명지대학교 아동학 박사

나사렛대학교 학점은행제 아동학과 주임교수

**원경미**

명지대학교 아동학 박사

**소현하**

명지대학교 아동학과 객원교수

**오소정**

명지대학교 사회교육대학원 예술심리치료학과 객원교수

나무심리발달센터 대표

재미있고 쉬운 인지행동 놀이치료 2권
**Digging for Buried Treasure 2: 52 More Prop-Based Play Therapy Interventions for Treating the Problems of Childhood**

2018년 8월 30일 1판 1쇄 발행
2022년 2월 25일 1판 3쇄 발행

지은이 • Paris Goodyear-Brown · LCSW · RPT-5
옮긴이 • 안명현 · 윤영숙 · 이선아 · 최지경 · 이행숙 · 양선영
서종미 · 원경미 · 소현하 · 오소정
펴낸이 • 김 진 환
펴낸곳 • (주) 학지사
04031 서울특별시 마포구 양화로 15길 20 마인드월드빌딩 5층
대표전화 • 02) 330-5114 팩스 • 02) 324-2345
등록번호 • 제313-2006-000265호
홈페이지 • http://www.hakjisa.co.kr
페이스북 • https://www.facebook.com/hakjisabook

ISBN 978-89-997-1651-5 94180
978-89-997-1649-2 94180(set)

**정가 15,000원**



이 도서의 국립중앙도서관 출판시도서목록(CIP)은 서지정보유통지원시스템 홈페이지(http://seoji.nl.go.kr)와 국가자료공동목록시스템(http://www.nl.go.kr/kolisnet)에서 이용하실 수 있습니다.
(CIP제어번호: CIP2018026988)